蛙泳

真人示范
学习要领
技术练习
错误演示
纠正指导
训练方法

陈淑婷 著

山东人民出版社·济南
国家一级出版社 全国百佳图书出版单位

图书在版编目（CIP）数据

蛙泳 / 陈淑婷著 . —济南 : 山东人民出版社，2021.8
ISBN 978 — 7 — 209 — 13345 — 6

Ⅰ. ①蛙… Ⅱ. ①陈… Ⅲ. ①蛙泳—图解 Ⅳ. ① G861.13-64

中国版本图书馆CIP数据核字(2021)第118857 号

责任编辑：魏德鹏
封面设计：张　晋

蛙泳
WAYONG
陈淑婷 著

主管单位　山东出版传媒股份有限公司
出版发行　山东人民出版社
出 版 人　胡长青
社　　址　济南市英雄山路165号
邮　　编　250002
电　　话　总编室（0531）82098914
　　　　　市场部（0531）82098027
网　　址　http：//www.sd-book.com.cn
印　　装　济南新先锋彩印有限公司
经　　销　新华书店

规　　格　16 开（170mm × 240mm）
印　　张　16.75
字　　数　221 千字
版　　次　2021年8 月第 1 版
印　　次　2021年8 月第 1 次
印　　数　1-1500
ISBN 978-7-209-13345-6
定　　价　48.00 元

前 言

蛙泳是模仿青蛙游泳动作的一种游泳姿势，也是最古老的一种泳姿。游蛙泳时，身体俯卧水中，两臂同时并对称地划水，两腿同时并对称地做收、翻、蹬、夹动作。蛙泳的身体姿势平稳，动作省力，呼吸自然，每个完整配合动作结束之后都有一定的滑行距离，较容易学会，掌握动作节奏后很快就能游很长的距离，因此蛙泳是游泳初学者的首选泳式。另外，蛙泳的实用价值较为突出，具有动作隐蔽、易于观察目标和转换方向的特点，在武装泅渡、水上作业、渔业生产以及救护等方面有着广泛的应用。

本书通过图文并茂的方式，较为系统地论述了蛙泳的起源与发展、蛙泳的价值、蛙泳教学方法、蛙泳技术学习要领、蛙泳技术练习方法、蛙泳技术训练方法等各个方面的内容，并适量介绍了蛙泳的安全注意事项、一般急救常识、场馆管理、参赛规则等学习内容。本书特别剖析诊断了初学者在学习蛙泳技术中常见的错误技术动作，并一一列举了纠正方法。编者在结合长期的教学、训练与实践经验，参考国内外游泳界的新思想和新成果的基础上，以通俗易懂的文字描述，并配以大量的蛙泳技术动作演示，力求规范、准确地展现蛙泳学习的基本技术。全书突出科学性、实用性、创新性，对蛙泳爱好者的学习有很好的参考价值和启发意义。

本书共包括九章、四十六节内容，其中第一章蛙泳基本知识（分为三节）；第二章蛙泳的安全与卫生（分为五节）；第三章蛙泳教学法（分为七节）；第四章蛙泳技术学习要领（分为七节）；第五章蛙泳技术练习方法（分为七节）；第六章蛙泳常见错误动作及纠正方法（分为六节）；第七章蛙泳技术训练方法（分为四节）；第八章游泳场馆的设施与管理（分为四节）；第九章蛙泳竞赛规则与裁判方法（分为三节）。

本书的顺利完成得到了有关部门领导和专家的大力支持与指导。邢雪松、祝鹤同学为本书的动作示范不辞辛苦，张军老师为示范动作的拍摄付出了艰辛的劳动。谨此深表谢意！并对相关参考文献的作者表示感谢。

由于编写时间仓促，书中疏漏之处在所难免，敬请读者提出宝贵意见。

陈淑婷

2021 年 6 月

目 录

第一章　蛙泳基本知识

第一节　蛙泳的起源与发展

蛙泳是模仿青蛙游泳动作的一种游泳姿势，是人类最古老的游泳姿势之一。早在4000年以前的中国、古罗马、埃及就有类似蛙泳的游泳姿势的记载。

蛙泳早期的特点是，两腿外分得很宽，蹬水时先向两侧蹬直分开，然后再向内夹水并拢两腿。

1896年的第1届奥运会比赛，比赛规则不规定游泳姿势，运动员游的都是各式泳姿，蛙泳因为前进速度比较慢而在比赛中很少被运动员采用。1904年第3届奥运会时，国际游泳联合会制定了各种泳姿的规定，蛙泳技术才成为一个独立的比赛项目。这一时期的蛙泳技术仍然较为落后，为提高前进速度，人们开始尝试加长划水技术和加大蹬腿幅度，以至于身体上下起伏，前进速度及不均匀，被称为“跑马式”蛙泳。

此后，为提高蛙泳速度，改进“跑马式”蛙泳配合的不协调，游进时身体起伏大、速度不均匀等弱点，1916年至1936年间，德国运动员和日本运动员相继创造了“平航式”和“高航式”蛙泳技术，它们分别强调蹬腿和划水的作用，使得蛙泳技术有了较大的改进和提高。这一时期的蛙泳技术被统称为“传统蛙泳”。

1936年，国际游泳联合会对蛙泳竞赛规则进行了修改，允许蛙泳时两手划水至大腿旁，然后提出水面经空中向前移臂，其被称为“蝶式蛙泳”，即蛙泳腿、蝶泳手技术，这也是蝶泳技术的雏形。于是，在蛙泳比赛中出现了传统蛙泳与蝶式蛙泳同场竞技的局面。由于蝶式蛙泳的前进速度明显快于传统蛙泳，很多参赛运动员多采用蝶式蛙泳而逐渐放弃了传统蛙泳。这一时期的蛙泳技术被称为“蝶式蛙泳”。为了挽救传统蛙泳技术，1952年第15届奥运会以后，国际游泳联合会决定，将“蝶式蛙泳”列为新的游泳比赛项目，即“蝶泳”（见下图1.1）。

此后，蛙泳技术又得到进一步发展。为了提高蛙泳的速度，人们又对潜泳进行了研究，由于水下潜泳能减少波浪阻力，水平姿势小，能充分发挥手臂的力量，速度比水面蛙泳快，于是“潜水蛙泳”又兴盛起来。1956年第16届奥运会的蛙泳比赛中，几乎所有运动员都采用了长划臂的潜水蛙泳技术参加比赛，看台上的观众几乎看不到运动员，蛙泳技术又面临被淘汰的危

图1.1 蝶泳

险。这一时期的蛙泳技术被称为“潜水蛙泳”。

1956年第16届奥运会之后，国际游泳联合会又修改规则，蛙泳比赛中禁止使用潜泳技术，并规定除了出发和转身后可以做一次长划臂和一次蹬腿的潜泳动作外，整个游程中头的一部分必须露出水面。至此，蛙泳技术才真正得以确定下来，并重新规定了蛙泳世界纪录的标准。例如，男子100米蛙泳1分13秒0的世界纪录。1957年我国游泳运动员戚烈云，采用了充分发挥腿部力量的“高航式”蛙泳技术（见下图1.2），以1分11秒6的成绩打破男子100米蛙泳世界纪录。1960年，我国游泳运动员莫国雄采用以腿部为主，加强两臂划水力量的“平航式”蛙泳技术，再次打破蛙泳100米世界纪录。

从20世纪70年代开始，蛙泳技术逐渐向“波浪式”蛙泳发展。其特点是身体起伏大，划手的时候肩部会露出水面，臀部位置较低，身体姿势是向前倾斜的；蹬腿时，低头缩肩伸臂、前冲和提臂，以波浪式节奏前进，提臂与上体俯冲同步进行，抬高身体在水中的位置，形成高体位的姿势，减少阻力，提高游速。

1986年，国际游泳联合会再次对蛙泳竞赛规则做出修改。蛙泳技术开

图1.2 “高航式”蛙泳技术

始发生较大的变化，不少运动员尝试新的技术，“波浪式”蛙泳（见下图 1.3）逐渐成为现代蛙泳技术的主流。目前，许多优秀的蛙泳运动员大多数采用“波浪式”蛙泳的技术。这种技术的特点是充分利用身体躯干大肌群的力量，使身体在前进中出现周期性的波浪形动作，充分发挥腿部肌肉群的力量，有效减小身体的前进阻力。

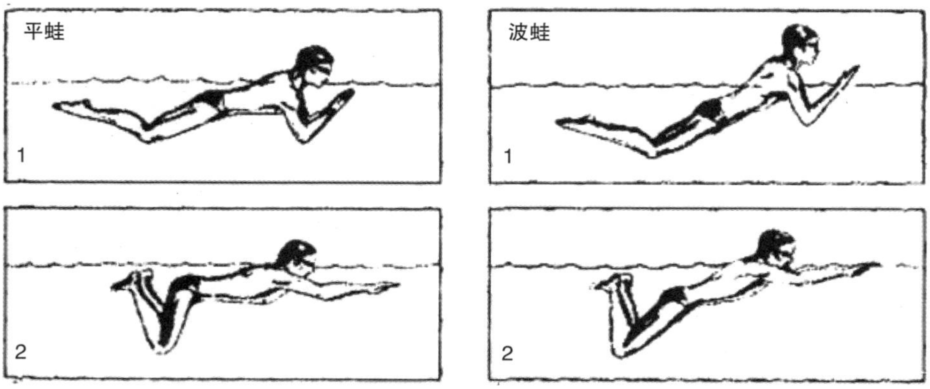

图 1.3 两种不同的蛙泳类型

目前，奥运会蛙泳的比赛项目有女子 100 米、200 米、4 × 100 米混合泳接力。男子比赛项目有 100 米、200 米、4 × 100 米混合泳接力。混合游泳项目包含蛙泳的有 200 米个人混合泳和 400 米个人混合泳。

第二节 蛙泳的价值

一、蛙泳的运动价值

蛙泳俯卧于水中向前游进，技术结构复杂，臂与腿的变化方向多，相比其他运动项目，需要动员身体更多的肌肉参与代谢供能，特别是躯干、肩带和下肢肌肉。所以说，蛙泳是一项全身都参与的运动项目，可使身体得到全面、匀称、协调的发展，具有很高的锻炼价值。

（一）提高身体素质

长期进行蛙泳锻炼，能使肌肉的力量、速度、耐力和关节的灵活性得到提高，促进身体素质的全面协调发展。在水中，人体不需要克服自身的重力，就能够完成各种游泳动作，运动强度可根据个人情况灵活调节，蛙泳因此受到不同人群的广泛喜爱。特别是对于一些因年龄限制等原因，不能从事其他体育活动的老年人群，定期进行蛙泳锻炼，能提高老年人身体的灵活性和柔韧性，既增强了体质，又不会因为运动过于激烈而发生意外。

经常进行蛙泳锻炼，对力量素质的影响很大。力量素质与人体肌肉发育状况紧密相关。人在水中会受到很大的阻力，需要相关参与运动的肌群产生足够大的力量来克服水的阻力，以保证身体向前游进。蛙泳是全身参与的运动项目，几乎所有的肌肉群都能得到锻炼，肌纤维因此变粗，并促使肌肉发达而富有弹性，力量素质明显增强。

蛙泳对耐力素质有着深刻的影响。耐力素质主要表现在人体肌肉长时间重复收缩放松的能力，以及呼吸系统、心血管系统持续维持大强度活动的能力。长期坚持蛙泳锻炼，科学合理地安排运动强度和运动时间，可以有效地提高耐力素质，从而使人体在各种活动中表现出很高的耐力水平。

蛙泳对柔韧素质有很好的促进作用。柔韧素质主要指人体各关节活动范围，以及肌肉、韧带的弹性和伸展幅度。蛙泳尤其对肩关节、膝关节和踝关节的灵活性要求很高。肩关节灵活，可以很自如地完成呼吸动作；膝关节和踝关节灵活，不仅可以轻松地完成腿部动作，而且能提高蹬夹水的动作效果，为身体快速向前游进提供较大的推进力。长期坚持蛙泳锻炼，可以提高人体全身各关节的柔韧性，有效降低骨骼损伤的概率，使骨关节不易变形等。

长期坚持蛙泳锻炼，对速度素质的提高明显。速度素质分为反应速度、动作速度和周期性运动的位移速度。蛙泳是一项速度力量型运动。蛙泳比赛中的出发技术，有效提高了练习者的反应速度；蛙泳游进中的上下肢协调配合，提高的是动作速度；而蛙泳本身所具有的周期性运动特征，锻炼的是周期性运动的位移速度。

（二）增强身体抵抗能力

长期坚持中等强度的蛙泳运动，能够有效提高人体的抵抗力，改善体温调节能力，平衡免疫力，增强人体抵御寒冷、适应外界环境的能力，使身体日益强壮。

游泳池的水温通常为 24 度到 26 度，低于人体正常体温，水的导热能力又比空气强数十倍。人体在水中散失的热量要快于空气中，游泳时就必然要相应地增强体内的能量代谢，以产生更多的热量来维持体温的恒定。长期坚持蛙泳锻炼，可以促进皮下组织的新陈代谢，提高身体对外界温度变化的适应能力，有效改善人体体温的调节机能，增强身体的抵抗力。

（三）促进身体的治疗康复

蛙泳每一个动作周期结束后的滑行和抬头换气技术，可以锻炼脊柱的伸展性，对一些腰椎、颈椎、轻度脊柱侧弯的病人有一定的康复作用。在陆地上做其他运动时，由于人体自身的重量，脊椎都需要承受一定的压力，而水中的活动，由于水的浮力的作用，加上运动时人体的俯卧姿势，让脊椎在无重压状态下运动，有利于其回复原位。许多医生之所以建议脊椎病患者适当参加游泳运动，就是因为它具有辅助脊椎康复的作用。

图 1.4 古代蛙泳游戏图

游泳可以作为运动处方治疗神经衰弱、高血压、肠胃病、失眠症等一些慢性疾病。它还可以促进人体内分泌的稳定，增强免疫力，降低男性前列腺发病率。另外，对于一些不适合直立锻炼的人群，例如过度肥胖症患者、肢体残障者等，长期坚持蛙泳是一项很好的替代锻炼方式。

（四）提高人体内脏器官的机能

蛙泳是在水这种特殊环境中进行的运动项目，长期坚持可促进人体各器官系统的协调配合，使其功能得到不同程度的提高。

坚持蛙泳锻炼，可改善呼吸系统的功能。水的密度是空气的 800 多倍，导热能力、压力和阻力都比空气大。人体俯卧在水中运动，胸腔和腹部都会受到水的压力，这种压力迫使游泳者的呼吸肌动用更大的力量进行呼吸，进而增大了呼吸肌的力量，提高了呼吸系统的机能。蛙泳在水中进行，受水环境的制约，呼吸次数要少于陆上运动，加上水中的呼吸要与技术动作协调配合，要想获得足够的氧气，只有加大呼吸的深度。长期坚持蛙泳锻炼可以明显增大肺活量，提高肺的功能，使人保持充沛的精力。

长期坚持蛙泳锻炼，可提高心血管系统的机能。借助于水的浮力，人体在水中处于平卧姿势向前游进，减小了重力对身体血液循环的影响，血液处于水平横向流动的状态，加上在水压的作用下，有利于下肢及腹部静脉血液的回流，血液循环更加顺畅，这对于提高心脏的泵血功能是非常重要的。经常进行蛙泳锻炼，心脏会出现运动性增大的现象，表现为心脏容积增大，心肌纤维增粗，血管壁增厚，弹性加大，每搏输出量增多，心血管系统的功能得到增强。由于游泳池的水温要低于人体的体温，在水中游泳时能促使全身毛细血管的收缩，提高了血管末梢的血液回流心脏的速度，有利于血液的良性循环，可有效地防止血管老化。

长期坚持蛙泳锻炼，可增强神经系统功能。神经系统在机体其他系统的配合下，构成了神经—体液调节系统，它是人体全自动控制系统的中枢，主要负责维持人体的稳定状态。经常参加蛙泳锻炼，可提高神经系统对人体活动时错综复杂的变化的判断能力，并及时做出协调、准确、迅速的反应。

（五）磨炼意志，培养坚强品质

蛙泳学习是在水环境中进行的，与人们在陆地上的运动环境、运动形式都有较大的差别。初学者由于身体失去固定支撑成漂浮状态，大多数人都会产生怕水的感觉，这就需要克服必要的心理恐惧，克服怕累、怕冷、怕水等困难。只有不断地努力学习，掌握好蛙泳的技术和技能，才能具备应对各种水情的能力和胆识。经常进行蛙泳锻炼，可激发人们为保持身体健康而积极参加体育活动的良好愿望，还可以培养自信、勇敢、坚强的意志品质。

（六）改善皮肤血液循环

在蛙泳运动过程中，由于水温的刺激，皮肤血管承担了重要的调节作用，以使身体机能保证足够的温度来维持正常的活动。冷水的刺激能促使皮肤毛细血管收缩，防止身体内部的热量散发到体外。同时在身体内部，机体因为热量的不均匀又开始迅速地产生热量，使皮肤血管扩张，从而打开毛孔，调节身体的温度，使皮肤血管的供血得到进一步改善。长期坚持蛙泳锻炼能使皮肤的血液循环功能得到加强。

另外，水是一种比较柔和的液体，但是也拥有无比强大的力量。经常进行蛙泳锻炼的人，在水的滋润和冲刷下，不断对身体皮肤进行清洗，皮肤的汗腺、脂肪腺，在水的冲刷和摩擦的作用下，能得到很好的放松和休息。同时，也极大地减少了汗液中盐分对皮肤的刺激。因此经常参加蛙泳锻炼的人，可以对皮肤起到很好的按摩作用，促进皮肤的血液循环，使皮肤光滑有弹性。

二、蛙泳的实用价值

（一）蛙泳是一项必备的生存技能

人类生活的地球上，江、河、湖、海星罗棋布。水与人们的生活密切相关，但水有时也非常可怕，破坏力很大。我国每年夏季发生的中小学生安全事故中，溺水排在首位，而在溺水事故中，大部分中小学生是因为不会游泳而导致意外的发生。在现代社会里，虽然有很多先进设施可以保证人类的安全，但是仍避免不了洪涝险情意外和自然灾害的发生。面对险情，预防溺水是最有效的办法（见上图 1.5）。我们只有以积极的态度学会游泳，真正获得在水中活动的自由，才是防范溺水和发生水中险情的最有效的措施，在灾难来临时才有可能镇定地自救或互救。

图 1.5 游泳安全教育

蛙泳是最早的游泳姿势之一，非常实用。掌握了蛙泳技术，有利于踩水、潜泳、水中救护等技术的掌握与学习，蛙泳是人们生活中必备的生存技能，是保证生命安全的重要手段之一。在许多发达国家，为了保证少年儿童的生命安全，各级各类中小学都把游泳列为学生必须掌握的技能，其中蛙泳是学习的首选泳姿。

（二）蛙泳是一种重要的军事技能

蛙泳在国防军事上的价值历来都为兵家所重视。我国古代就十分重视水军的建设，留下了许多利用水军出奇制胜的传奇故事。现代军事游泳训练更是军队的必修课程。军事游泳技术和技能主要包括：水中定向游泳、水中爆破、水下侦察、水下偷袭、水下打捞和着装泅渡等。由于蛙泳身体姿势比较平稳，水的支撑面积大，上下肢的协调配合使得动作省力；它的抬头呼吸技术容易观测目标，动作隐蔽，声音小，适用于长时间游、远距离游、慢游、踩水、原地游等。这些特点使蛙泳便于水上隐蔽、侦察和游动等。在军事国防建设中发挥着特殊的作用，是一种重要的军事技能（见下图 1.6）。

图 1.6 蛙泳技能训练

三、蛙泳的观赏价值

（一）技术风格的欣赏

运动员在长期、专业、系统的蛙泳训练中，逐渐形成了个性化的技术风格，这是因为个人身体条件、运动专项特长以及教练员指导理念的不同，会在动作节奏的快慢、划水力量的大小、动作的连贯程度、技术配合的协调程度以及动作的幅度等方面出现差异而形成的。运动员在比赛中的表现就是个人技术风格的展现。而运动员的技术风格也是观众欣赏的主要焦点，它拉近了观众与运动员之间的距离。

蛙泳的技术类型有“高航式”“平航式”“波浪式”等。在蛙泳比赛中，有的运动员采用“高航式”技术，划水效果好，动作频率快，协调性强，蹬腿有力，滑行距离长；而有的蛙泳运动员则采用“波浪式”技术，充分发挥腰腹的作用来增大划臂和蹬腿的力量以获得更大的推进力，并且在收腿时保持较好的流线型以提高游进速度。不同的技术风格会给观众带来不同的欣赏体会。

（二）战术技巧的欣赏

蛙泳比赛的战术是运动员在长期的训练和比赛过程中不断地总结经验而形成的一套相对稳定的体能分配方案。是在比赛中根据个人的训练水平、比赛状态、对手和项目的特点而采用的游法。

蛙泳短距离项目比赛的战术相对简单，多数运动员都是凭借自身技术和体能全力拼搏。在中、长距离项目比赛中，运动员有时会运用一定的战术来迷惑对手。所运用的战术主要有以下几种类型：

1. 匀速游

主要表现为运动员不受对手的影响，按照自己的预定计划，全程保持相对稳定的速度游进。

2. 前慢后快

主要表现为运动员前半程采用相对慢一些的速度游进，重点调整好技术动作和呼吸节奏，保存体力，到后半程再逐渐加速超越对手。

3. 前快后慢

主要表现为运动员前半程采用以较快的速度游进，以期扰乱对手的游进节奏给其造成心理压力，削弱其体力和斗志，以使自己在后半程的比赛中超越对手而获胜。

4. 紧随突超

主要表现为运动员紧盯相邻泳道的选手，紧随其后游进，给对手造成强烈的逼迫感，然后在比赛的最后阶段加速超出，令对手再无追赶的机会。

（三）比赛过程的欣赏

蛙泳的比赛过程包括出发、途中游、转身、冲刺等环节，参赛运动员在每一个环节中的表现，都是欣赏比赛的重点。

1. 出发

运动员先在各自泳道的出发台后就座，当执行总裁判吹短哨音时运动员脱去外衣，准备出发。当执行总裁判吹长哨音时，运动员应立即站到出发台上。当所有运动员和裁判员都做好出发准备时，执行总裁判用向外伸展手臂的动作示意发令员开始发令。发令员首先发出“各就位”的口令。此时，出发台上的运动员做好出发准备。当所有运动员都处于静止状态时，发令员即发出“出发信号”。所有运动员在听到“出发信号”后才能做出发动作。任何运动员如果在“出发信号”发出前出发，应被判为犯规，并取消其比赛资格。如果在“出发信号”发出后发现运动员抢跳犯规，则继续比赛，在该组比赛结束后取消犯规运动员的录取资格。

2. 途中游

运动员的途中游会根据个人的技术和体能状况，以及比赛战术做出合理安排。

3. 转身

蛙泳的转身技术采用摆动式转身。熟练掌握转身技术，游近池壁不减速，翻转快，蹬池壁有力，滑行时身体成流线型姿势，速度快。转身技术做得好，在比赛中将占有很大优势。

4. 冲刺

运动员在终点冲刺时会拼尽全力。优秀的蛙泳运动员在以最快速度游近终点时，会预先调整好划频和划幅，以保证最后一次划水结束后手臂前伸时手指正好触到池壁。

第三节 蛙泳的技术特点

蛙泳技术是四种竞技泳姿中最为复杂的一种，也是前进速度最慢的一种。蛙泳具有自己独特的特点，在游进中身体随着臂、腿和呼吸动作的周期性变化而不断变化，掌握动作节奏后，很快就能游较长的距离。蛙泳是目前普通学校游泳教学的首选泳姿。

一、动作复杂

蛙泳的内部技术结构是四种姿势中最为复杂的，臂与腿的动作方向变化较多。

二、臂与腿的动作同时且对称

身体俯卧水中没有固定的支撑，头部和双肩稍微高于水面，臂与腿的动作始终是同时且对称的，并在同一水面上进行。

三、游速慢

在游进中身体前进速度极不均匀，速度较慢，这是因为从水下移臂和收腿会给身体带来很大的阻力（见下图 1.7）。

图 1.7 蛙泳示意图

四、容易学习

蛙泳的抬头换气较为容易掌握，每一个动作周期结束后都有一段滑行距离。与其他泳姿相比，蛙泳属于容易学习、难掌握好的一种泳姿。

五、实用价值强

掌握动作节奏后，蛙泳可以用较小的力，游较长的距离。另外，蛙泳可以在水面上呼吸，两眼看向前方，视野开阔，具有较强的实用价值（见下图1.8）。

图 1.8 蛙泳水面上换气示意图

根据蛙泳技术的特点，蛙泳可分为平式蛙泳和波浪式蛙泳。由于蛙泳技术的复杂性，很难清晰地界定各种技术的归属。一般游泳爱好者只需了解蛙泳技术的大致区别即可。平式蛙泳的身体姿势接近于水平位置，髋关节贴近水面，肩部始终位于水面下。呼吸通过向上抬头吸气和向下低头呼气来完成。在一次蹬腿和一次划臂结束后，有一个相对稳定而短暂的滑行，此时臂腿伸直并拢，水平地俯卧在水面上。当划水抬头吸气时，两肩上升，并开始收腿，但此时身体仍然较水平地俯卧于水面。

波浪式蛙泳两肩露出水面时，髋关节位置相对较低，身体与水面形成一定的夹角。在波浪式蛙泳技术中，两肩的动作轨迹是对称的波浪形，在完成呼吸后没有突然的下落。两肩的波浪形轨迹大部分是在水面上，水下只有数厘米深。两肩潜入水下的目的是使臀部和腰部上升到较高的位置。臀部的轨迹也是对称的波浪形，但幅度要小一些。当两肩达到最高点时，臀部正好在最低点。波浪式蛙泳的身体重心呈直线性，非常稳定。身体姿势在游进中成周期性的波浪形动作。

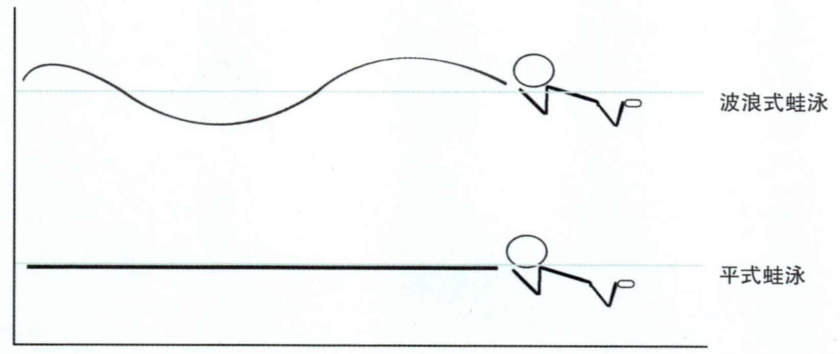

图 1.9 蛙泳姿势说明图

平式蛙泳和波浪式蛙泳在身体姿势、腿的技术和臂部技术方面有很大区别，但最明显的差异表现在身体姿势上（见上图 1.9）。

问题与思考

1. 奥运会中的蛙泳比赛项目有哪些？
2. 现代蛙泳的发展演变都经历了哪些阶段？具有什么特征？
3. 经常进行蛙泳锻炼对身体有什么好处？
4. 蛙泳的实用价值具体体现在哪些方面？
5. 蛙泳的技术特点是什么？

课外阅读

跳水

图 1.10 高台跳水

跳水是伴随着游泳技能的发展而产生的。早在竞技跳水之前就有了实用跳水。17 世纪，在斯堪的纳维亚、地中海和红海一带，盛行在陡峭的悬崖、岸边、船的桅杆上进行跳水的活动。从 1880 年开始，有比赛形式的跳水起源于英国，是一些游泳俱乐部声称拥有最好的跳水选手而发起的。19 世纪末，瑞典和德国已经有人在游泳场地进行以技巧落入水中的表演。

在 1904 年的第 3 届奥运会上，男子跳台跳水被列为正式比赛项目。在 1908 年的第 4 届奥运会上，男子跳板跳水被列为正式比赛项目。1912 年，女子跳水进入奥运会。1920 年第 7 届奥运会以后，在重大国际跳水比赛中都设有男女跳板和跳台的 4 个项目（见上图 1.10）。

跳水运动在我国有着悠久的历史。根据史料记载，一千多年前的宋代就出现了实用（娱乐）跳水。然而，竞技跳水在我国开展的时间却不长。1984 年，在第 23 届洛杉矶奥运会上，我国运动员周继红获得了女子跳台金牌。1988 年，在汉城奥运会上，我国运动员许艳梅、高敏分别获得女子跳台和跳板金牌。此后，中国跳水步入了世界最高水平，而且长盛不衰，涌现出一大批世界顶尖的运动员。目前，世界跳水项目水平较高的国家是中国、美国、俄罗斯。

第二章　蛙泳的安全与卫生

第一节　必要的热身活动

蛙泳锻炼是一项体力消耗很大的活动，对身体的柔韧性、协调性和关节的灵活性都有比较高的要求。如果下水就开始运动，僵硬的肌肉和肌腱受到刺激，很容易发生拉伤或抽筋，甚至引发肌肉和肌腱的炎症。另外，游泳池的水温低于人体的体温，如果热身活动不充分就直接下水，也会增加运动损伤的概率。因此，在进行蛙泳运动之前，最好先在岸上做一些徒手体操和肌肉、韧带的牵拉伸展，以提高神经系统的兴奋性，使心血管系统和呼吸系统预先得到锻炼，促使体温升高，增强肌肉、肌腱和身体各个关节的活动能力。

游泳前的热身活动也可以选择压肩、关节绕环、徒手操等动作。下水前可以用游泳池水淋湿身体，让身体逐渐适应水温；下水后，刚开始游的稍微慢一点，动作不要太用力，用舒缓伸展的动作做好热身准备。

一、颈部运动

两脚左右开立，与肩同宽，双手叉腰，头部先向前，再向后连续振动 2 次；然后再向左右各振动 2 次；接着头部由前向左再向后向右，做颈部绕环运动。做 4×8 个 8 拍（见下图 2.1）。

图 2.1 热身活动——颈部运动

图 2.2 热身活动——肩部绕环运动

二、肩部绕环运动

两脚左右开立，与肩同宽，腰腹部用力收紧，两臂自然伸直，两肩利用肩背肌群的力量带动手臂同时向前绕环；接着两臂同时向后绕环。也可以单肩左右交替向后绕环，然后再向前绕环。这样可充分拉伸肩关节的韧带肌肉，增强肩关节的灵活性和柔韧性。做 4×8 个 8 拍（见上图 2.2）。

三、扩胸运动

两脚左右开立，与肩同宽，两臂在胸前平屈振动 2 次，然后两臂侧平举打开，掌心向上，手臂平伸，由前向后直臂平行振动。做 4×8 个 8 拍（见下图 2.3）。

图 2.3 热身活动——扩胸运动

图 2.4 热身活动——拉伸腰部运动

四、拉伸腰部运动

身体直立，两脚左右开立与肩同宽，两臂在头上伸直，十指交叉，上体向左侧屈，使右侧腰腹部位肌肉韧带充分拉伸；接着换成身体向右侧屈，使左侧腰腹部位肌肉韧带充分拉伸。做 4×8 个 8 拍（见上图 2.4）。

五、腹背运动

两脚左右开立，略宽于肩部，两臂同时斜上举，向上、向后振动 2 次；接着身体前屈，膝关节直立，两臂向下振动两次，双手尽力触地。做 4×8 个 8 拍（见下图 2.5）。

图 2.5 热身活动——腹背运动

图 2.6 热身活动——膝关节运动

六、膝关节运动

两腿并拢，屈膝半蹲，两手扶膝，做膝关节的绕环运动。以加大膝关节的灵活性和柔韧性。做 4×8 个 8 拍（见上图 2.6）。

七、前压腿运动

左脚向前方跨出一步，膝关节弯曲，右腿蹬直，两手叉腰，拉伸右腿后大肌群的韧带肌肉；接着两腿交换，右脚向前方跨出一步，左腿蹬直，两手叉腰，拉伸右腿后大肌群的韧带肌肉。做 4 × 8 个 8 拍（见下图 2.7）。

图 2.7 热身活动——前压腿运动

图 2.8 热身活动——压肩运动

另外，还可以双手扶墙壁做压肩活动；进行脚趾运动的活动；可以伸直腿直接坐在地面上，一条腿抬起来，用手反复地进行扳脚趾的活动。这些运动可以拉伸小腿、脚趾以及大腿的肌肉，以防止抽筋或拉伤（见上图 2.8）。

第二节 蛙泳中的安全保护

经常进行蛙泳锻炼，不仅能够改善身体状况，增强体质，而且还能掌握一项生存技能。但不是任何人在任何时间、任何地点都可以游泳的，游泳时的安全保障（见右图 2.9）必须引起高度重视。

图 2.9 游泳安全保障

一、全面了解个人身体状况

游泳和陆上活动的特点、环境存在着明显的差异。为了保障人身安全和身体健康，防止疾病传播。游泳者每年最好都进行一次全面的健康检查，清楚地了解自己的身体状况，从而确定参加游泳锻炼是否合适。游泳对体力有一定的要求，如果游泳者身体患有某些疾病，将很难承受游泳时身体各种生理机能的变化，甚至还会使病情加重，导致意外的发生。

对患有严重心脏病、高血压、肺结核、精神病、癫痫等的病人，绝不能下水游泳，以免发生意外。患有活动性肺结核、急慢性肾炎、支气管炎、哮喘的病人和身体虚弱者，由于其自身抵抗力差，加上游泳时体力消耗大，水温偏低，容易使病情加重，应暂时不要参加游泳活动。

凡患有严重皮肤病、传染性肝炎、妇科疾病、细菌性痢疾、急慢性中耳炎以及有开放性创伤的病人，都不宜下水游泳。

女性进入青春期后，会出现周期性的“月经来潮”。女性在月经期间不宜下水游泳，以免致病。但是，采取特殊防护措施的除外。

二、观察游泳环境

游泳时需要注意观察活动环境。正规的游泳场馆都配有救生员和救生设备，安全标志也比较醒目。活动时要留意观察各种标志，并遵守相关的规定。游泳场馆都会对池水进行消毒、水循环等处理，并要充分了解水质的情况。游泳池的水温一般要低于人体温度10度左右，因此下水时，游泳者要先试着感受一下水温，再慢慢入水，以适应和调节好个人的身体状态，并根据个人技术水平，准备合适的游泳器材。

也有一些人喜欢到天然水域游泳。在天然水域游泳更能亲近大自然，但一定要事先对水情和环境进行了解，主要包括了解水温、水深、水质等。一般应选择水质较好、水域宽阔、水温适宜、水底较为平坦、入水和起水都较为方便的水域。

三、合理安排运动量

要达到健身的目的，就应有一定的运动量和运动强度。游泳的运动强度是指游泳的速度。运动量是指游泳的总量。短距离快速游强度高，主要发展速度和爆发力。长距离慢速游运动量大，主要发展耐力和心肺功能。入水后游泳的强度和运动量应逐渐增加，循序渐进，使身体有一个适应的过程。不可以突然大强度的剧烈运动，以免身体承受不了，发生意外。一般强度大时运动量应少一些，强度低时运动量应大一些。具体情况因人而异。

还要根据个人身体状况、水温、气温等确定锻炼时间的长短。水温低时，活动时间不宜太长。水温适宜时，水中活动的时间可长一些。如果在水中活动时间过长，身体散热多，易受凉感冒，特别是少年儿童因贪恋玩耍而不愿起水，这时家长应督促孩子及时起水。

四、饭后不宜游泳

饭后接着去游泳会影响胃肠道对食物的消化和吸收，还会因为身体的剧烈运动而致使食物在肠胃中震荡牵扯，极易引发胃痉挛、呕吐、腹痛等现象。刚吃饱后，身体中的血液大量涌向胃部以帮助消化，这个过程大约需要半小时以上，而后血液重新分配到全身，运动交感神经兴奋，机体逐渐正常。因此，建议饭后休息一小时以上再去游泳。

五、剧烈运动后不宜进行游泳

人体在剧烈运动时，体内产热多，体温升高，皮肤汗腺及皮下血管扩张，同时心脏也在运动中承受了巨大的运转负荷。剧烈运动后马上下水游泳，会造成体温急剧下降、皮下血管收缩、汗孔闭塞，同时，也加重了心脏的负担。严重损害身体健康，极易引发感冒、急性关节痛等病症，严重者可导致肢体瘫痪。剧烈运动后最好休息半小时以上再下水游泳。

六、避免在酒后游泳

酒精中所含的乙醇对人体的神经系统有麻醉作用，会使人的反应能力和判断能力下降，还会使人的动作的协调性变差。饮酒后下水游泳如果遇到特殊情况，将无法清醒地处理，可能会导致溺水事故发生。另外，酒后身体血管扩张，更加快了体内热量的散发，容易损害身体健康。因此，应尽量避免在酒后游泳。

七、避免追逐打闹

游泳池属于公共场所，应遵守规则要求，互相谦让。顺着泳道方向游泳，避免在水中横冲直撞、嬉戏打闹，以免误伤他人。在浅水区注意不要助跑跳水，游泳池边地面湿滑，助跑容易摔倒，发生伤害。严禁在浅水区做出发、跳水的动作，以免身体碰撞池底，发生危险。还有一些游泳爱好者喜欢比赛憋气潜泳，注意不要过度憋气，以免对身体造成伤害。

八、不能长时间暴晒游泳

夏季在室外游泳时，不要长时间暴晒。皮肤裸露较多、长时间暴晒等会导致身体晒斑的产生，或者引起日光性皮炎。为防止损伤皮肤，建议室外游泳后选择用浴巾包裹身体，或者在身体裸露部位涂抹防晒霜。

第三节 蛙泳中的意外伤害处置措施

在进行蛙泳运动时，有时难免会遇到一些意外情况，这时要保持冷静，及时采取一些应急措施来摆脱意外，以免引起更严重的危险。下面介绍蛙泳中的一些意外情况的预防与处置措施。

一、肌肉抽筋或拉伤

（一）肌肉抽筋

游蛙泳时发生抽筋，切不可慌乱，要迅速明确自己在游泳池中所处的位置。如果是在浅水区，可以迅速站起来，立即上岸，解除抽筋的部位。如果发生抽筋时在深水区，要利用未抽筋的臂、腿，慢慢游到岸边，或者是顺着泳道线，先游到浅水区，然后上岸解除抽筋部位。抽筋后没有办法继续游进的人，一定要保持冷静并大声呼叫，等待和配合救援。

游蛙泳时常见发生抽筋的部位主要是小腿、大腿、手指、脚趾等。发生抽筋的原因是准备活动不充分、水温偏低、身体疲劳等。抽筋时肌肉的剧烈疼痛，再加上其引起的惊慌失措，容易发生危险，因此抽筋时要保持镇静。

解除抽筋的方法：先使抽筋的肌肉“反向”拉伸伸展，然后再按摩、拍打、揉捏抽筋部位使之放松。轻微的抽筋经过处理后，休息一会儿便可缓解恢复。

（二）腹痛或腹部肌肉痉挛

如果在游蛙泳时发生腹部疼痛，甚至出现腹部肌肉痉挛，除了患有腹部慢性疾病外，一般是因为准备活动不充分，或者是不合理的运动量引起的。有效预防腹痛的方法是做好充分的准备活动，或者是调整运动量。

如果在游蛙泳中发生腹痛，可以就近上岸休息一会儿，如不能上岸，可放慢速度，减少频率，调整呼吸，慢慢调整一下就会好转，症状也会逐渐消失。如果持续腹痛不见好转，应马上就医诊疗。

（三）肌肉拉伤

在蛙泳运动中，当肌肉拉伤时，要停止练习，立即游到岸边，对拉伤部位进行冷敷处理，使受伤部位暂时麻木以减轻疼痛。冷敷可促进血管收缩，限制身体对受伤部位的供血，减轻肿胀，同时还可减轻肌肉痉挛，冷敷的时间大约在 30 分钟 。

肌肉拉伤 2 天以后，对受伤部位可采取热敷、理疗、按摩等措施，可加速拉伤部位的供血功能，舒缓紧张的肌肉，促进身体的恢复。

（四）关节扭伤

在蛙泳练习中，当发生关节扭伤时，需要准确判断伤势的轻重程度，轻度扭伤可自行处理。如果是重度扭伤，则需立刻就医，接受医生的专业治疗。

关节轻度扭伤初期，可以冷敷处理，以减轻关节的肿胀，减少皮下组织血液的渗出，缓解伤势的发展。大约 48 小时以后，皮下组织血液的渗出已停止，可采用热敷、按摩等措施，促使周围血淤消散。如果关节扭伤部位发生皮肤青紫、疼痛、肿胀等现象，可将半斤陈醋加热后用毛巾蘸敷伤处，每日 2—3 次。

二、头　晕

一些人在游蛙泳时会出现头晕的现象，尤其多见于蛙泳初学者和成年女性。引起头晕主要有以下几点原因：一是由于体位的改变，身体里的血液分布有了变化，脑部暂时供血不足，引起头晕；二是身体受到冷水的刺激，自主神经活动紊乱，造成脑部暂时供血不足；三是人体在水中散热快、体力消耗大、游泳时间过长容易造成血糖下降，引起头晕；四是没有掌握正确的呼吸方法，大脑缺氧造成头晕。以上几种情况都是身体正常的生理反应，休息一会儿就能恢复正常。

还有个别蛙泳初学者，下水后感到头晕、眼花、心跳加速、手忙脚乱，导致在水中站立不稳，这种情况多数是因为水性差、心理紧张而造成的，经过反复练习，熟悉了水性，这种现象会逐渐消失。

三、呛　水

呛水是水从鼻腔或口腔进入呼吸道，引起的反射性咳嗽和呼吸障碍。初学游泳的人，由于没有掌握正确的水中呼吸技术，很容易呛水。即使是会游泳的人，在做滚翻转身等动作时，没有用鼻缓慢呼气，也容易发生呛水。在自然水域游泳，如果没有把握好风浪的规律和呼吸的时机，也会发生呛水。有的少年儿童游泳初学者，分不清楚喝水与呛水的区别，而借口呛水抵触练习。实际上呛水和喝水是有很大区别的，呛水时水进入呼吸道，可以阻塞呼吸道的某一部分，很快造成呼吸困难，有时候也可能发生呼吸道痉挛，引起窒息。呛水的反映是剧烈的，如果有其他异物随水进入呼吸道，会在很短的时间内危及生命。

要从根本上防止呛水，唯一的方法就是多练习水中呼吸，熟练掌握呼吸技术。呼吸时一定要注意，用口、鼻在水下呼气，用口在水面上吸气。千万不要错误地认为，把头放在水面上一样能游泳。没有掌握正确的呼吸技术，就不能说是真正的会游泳。

四、遇到溺水情况的应对方法

在游泳时，有时会遇到溺水事故。当发现有溺水事故或隐患时应及时赴救。在时间和条件允许的情况下，要尽可能利用救生器材实施间接赴救。间接赴救是指在岸边利用水域现有的救生器材（如救生圈、长杆、长绳等），对意识清醒的溺水者施救的一种救生技术，这样可以保护施救者自身的安全。必要时可采取直接赴救。直接赴救是在没有或无法利用救生器材拯救溺水者，或者溺水者已经处于昏迷状态，无法使用救生器材时采用的一种赴救技术。水中赴救技术相对比较复杂，对施救者具有一定的危险性。在条件允许时，应尽可能实施间接赴救，但要选用合适的救生器材，以保护施救者自身的安全。直接赴救可分为入水前的观察、入水、接近、解脱、拖带、上岸等过程。

（一）直接赴救

1. 入水前的观察

当发现溺水者时，应迅速对周围环境做出简单的观察，判断溺水者与自己的距离。如果在自然水域还要注意辨别水流方向、流速、水面的宽窄、水深等因素。选择好入水地点并观察好返回路线，采用最快的方法接近溺水者。

2. 入水

如果在自己熟悉的游泳场馆或自然水域，在确定下水地点的水较深时，可以在原地或跑动中做类似于出发台出发头先入水的动作（见右图 2.10）。

图 2.10 遇到溺水情况时入水示意图

这种入水方式速度快，便于起游。入水后应尽快出水，并迅速靠近目标。如果在不熟悉的水域，为保证施救者的自身安全，应采用脚先入水的动作，例如，跨步式入水、蛙腿式入水、抱膝式入水以及坐式入水等入水方式。

3. 接近溺水者

施救者入水后，一般采用速度快又便于观察的抬头蛙泳技术接近溺水者，并做好控制和拖带溺水者的准备。在接近时，施救者应与溺水者保持一定的安全距离，并在接近后选择合适的位置靠拢，以确保自身安全。

对水中挣扎者。若溺水者还在水中挣扎，则施救者应游到溺水者约 3 米处停下，改为踩水，稳定一下情绪，保持体力，同时再观察一下溺水者的状态，这样做可以避免直接接触溺水者而使其进一步呛水或下沉。如果溺水者意识还清醒，施救者要开导溺水者，使其配合施救，然后，立即接近并设法控制住溺水者。一般情况下，施救者应游到溺水者身后，采用背面接近，一只手托腋下，使溺水者的口鼻露出水面，另一只手夹住胸部并做好拖带准备。若从正面接近，则要深吸一口气，潜入水中游至溺水者身前，下潜到溺水者髋部以下位置，双手托住其髋部，将溺水者转动 180 度，一只手托腋下，另一只手夹胸拖带。若从侧面接近，当溺水者尚未下沉，特别是两手在水面上挥舞挣扎时，或在水质混沌的自然水域，施救者可有意识地从正面转向溺水者的侧面，并迅速抓住溺水者的近侧手腕，一边向胸前拉，一边夹胸拖带其腋下控制溺水者。

对沉入水底者。如果溺水者已沉入水底，施救者在游进沉溺位置时应改为踩水，迅速做深呼吸后下潜搜索。发现目标后，用一只手夹住溺水者上体或抓住其衣物，另一只手向下划水，两腿向下做蛙泳腿蹬夹水的动作。将溺水者迅速拉出水面，转入拖带。

溺水者在水中挣扎时碰到任何东西都会用力抓住，施救者为保证自身和溺水者的安全，就要采用相应的解脱方法，以解脱溺水者的抓抱。解脱的主要方法有转手腕、扳手指、反（扭）关节、推击等。以溺水者从背后将施救者颈部抱住为例，施救者应下沉，双手上推溺水者的双肘，同时头部向下抽，趁势抓住溺水者的一只手腕，将溺水者转为背部贴施救者前胸，并夹胸控制住溺水者。在靠近溺水者时，施救者就应该观察判断溺水者的位置和情况，尽量不让溺水者抓抱。如果被溺水者抓住，施救者要沉着冷静，若溺水者意识清醒时可大声告知自己是来施救的，让溺水者尽量紧密配合。如果溺水者意识不清醒，就应根据不同情况采取不同的解脱方法，将溺水者控制住。

4. 拖带

拖带是施救者徒手控制住溺水者后，采用各种游法将其运送到岸边的过程。不管采用何种方法，拖带时都要将溺水者拖至水面，露出口鼻，方便呼吸。如果有两人同时施救，就应双人拖带。

5. 上岸

对溺水者施救拖带后，施救者应迅速将其扶或拉上岸，并对溺水者的情况迅速做出判断，是否需要进行现场急救。对于意识不清、呼吸循环机能明显下降或停止者，应进行现场急救或立即送医治疗。

（二）岸上急救

岸上急救的目的是尽快抢救溺水者的生命，以减轻痛苦，降低伤残的发生率。

1. 现场判断

将溺水者救上岸后，施救者应立即对溺水者的生命状况做出正确判断，并采取相应措施。如果溺水者有自主呼吸，则应帮助其保持气道通畅。如果溺水者没有自主呼吸，应尽快检查口腔内有无异物堵塞气道，如果有异物堵塞，要立即清除；如果溺水者在清除口腔异物后还没有呼吸，施救者要立即进行人工呼吸。如果溺水者心脏已停止跳动，则应立即实施胸外心脏按压。

2. 清除溺水者口鼻中杂物，开通气道

将溺水者救上岸后，施救者要迅速对溺水者的生命状况做出判断。如果溺水者有自主呼吸，则应保持气道通畅。如果有异物堵塞，则应迅速清除口、鼻中的淤泥、杂草、泡沫和呕吐物，使上呼吸道保持通畅。如有活动假牙应取出，以免坠入气管内。如果发现溺水者喉部有阻塞物，则可以将溺水者脸部转向下方，在其后背用力拍，可将阻塞物拍出气管。如果溺水者牙关紧闭，口难以张开，施救者可在其身后，用两手拇指顶住溺水者的下颌用力前推，同时用两手食指和中指向下扳溺水者的下颌骨，将口掰开。为避免张开的口再闭上，可将小木棒放在溺水者上下牙床之间。

3. 空水

把溺水者口腔和鼻腔里的杂物清除干净之后，要将溺水者呼吸道、肺部和腹中的水排出。常用的方法是，施救者一腿跪地，另一腿屈膝，将溺水者腹部放到施救者的大腿上，然后一手扶住溺水者的头部使口朝下，另一手用力拍压溺水者的背部，使水排出。

4. 人工呼吸

人工呼吸（见右图2.11）是使溺水者恢复呼吸的关键步骤，应尽快实施，只要有一丝希望，就不要放弃努力，要坚持做到溺水者完全恢复正常呼吸为止。在实践中，有很多溺水者是在做了数小时的人工呼吸后才复苏的。人工呼吸的节律约为15—20次/分。常用的人工呼吸方法是口对口吹气法。具体做法是：将溺水者仰卧平放在地上，使头部稍后仰，从而拉直呼吸道。施救者跪蹲在溺水者的侧边，一手捏

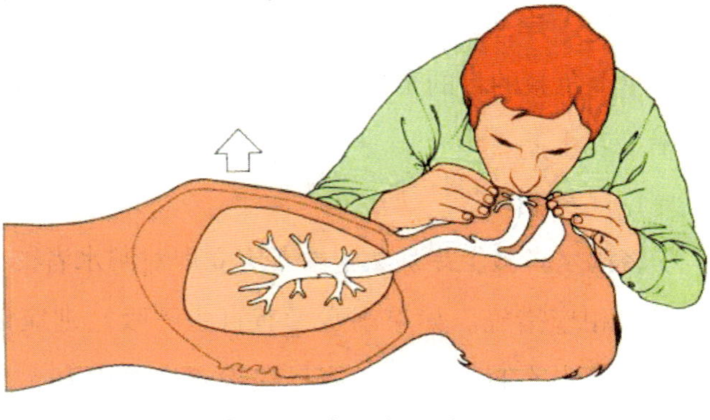

图 2.11　人工呼吸示意图

住溺水者的鼻子，另一手托住其下颌。深吸一口气，张大嘴巴罩住溺水者的嘴，不要漏气，向口内吹气。连续进行两次充分吹气，抬起嘴、手松鼻、侧转头吸入新鲜空气。如果吹气有效，溺水者的胸部会膨胀。

人体正常呼吸时，吸入的新鲜空气中氧气约占21%，二氧化碳约占0.04%，经过肺泡内的气体交换，呼出气中氧含量降低，占16%左右，二氧化碳含量则增高到4.4%左右。因此，在进行人工呼吸时，施救者吹出的气中仍然有较多的氧气，可供溺水者呼吸的需要。另外，因吹出的气中二氧化碳含量较高，会刺激溺水者的呼吸系统，促进其恢复自然呼吸。口对口人工呼吸，便于与胸外心脏按压及其他急救措施配合，简便易行，效果明显，是现场急救常用的人工呼吸方法。

5. 胸外心脏按压

将溺水者救上岸后，如果发现溺水者的心脏已停止跳动或极其微弱，则应立即施行胸外心脏按压，通过间接挤压心脏使其收缩与舒张，以使溺水者迅速恢复血液循环。具体做法是：将溺水者仰卧平放地上，施救者骑跪在溺水者大腿两侧或跪在其身旁，两手掌相叠，掌根按在溺水者胸骨下端（对儿童只需用一个手掌；对婴幼儿只需三个手指），两臂伸直，身体前倾，借助身体的重量稳健地下压。压力集中在掌根，使溺水者胸骨下陷4—5厘米。然后，上体复原，迅速放松双手，但掌根不离位。有节奏地进行，每分钟约60—80次。下压时用力要均匀，不要用力过猛，松手要快。胸外心脏按压也需要耐力与毅力，有时也要经过数小时的努力才能使溺水者起死回生（见上图2.12）。

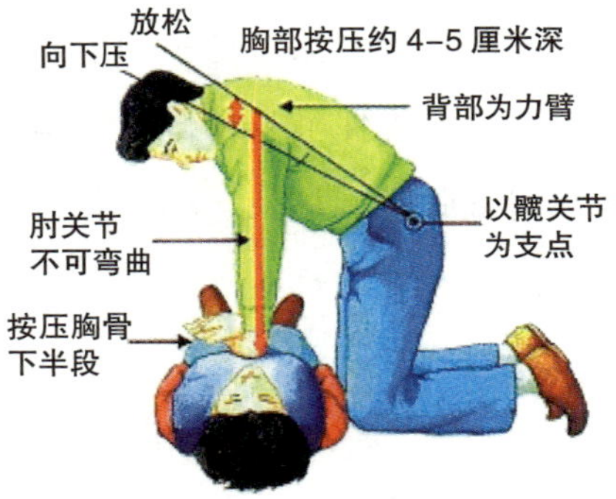

图2.12 胸外心脏按压示意图

胸外心脏按压与口对口人工呼吸结合运用，是对尚未出现真死现象的溺水者生命做最后的挽救。如有两人配合施救，则一人做胸外心脏按压，另一人做口对口人工呼吸，两人需要协调配合。如只有一人施救，则是吹一口气后，做 5—8 次心脏按压，然后再吹气。

第四节 蛙泳结束后的注意事项

长期坚持蛙泳，是一种很好的锻炼方式。但是游泳之后对身体的保护也应注意。为保障身体健康，蛙泳结束后要及时对皮肤进行清洗，同时用清水清洗眼睛、耳朵、鼻子和口腔，并及时擦干身体，穿上衣服保暖，以防感冒。

一、预防耳病

一些人在进行蛙泳锻炼之后，因耳朵进水没有及时处理，引起感染，主要表现为耳内痒、耳内流水、耳内疼痛和耳道堵塞等。出现这种情况应及时到医院就医。

预防耳病的最好办法是避免耳朵进水。如果耳朵不慎进水，可以采用以下几种方法将耳内积水排除。

（一）跳空法

将头偏向进水耳一侧，侧身使进水的耳朵朝下，微张嘴，异侧腿屈膝离地，用同侧脚在原地用力跳几次，水就会被震动流出来。

（二）吸引法

头偏向耳朵进水的一侧，用手掌紧压在耳孔上，屏住呼吸，然后迅速提起手掌，水滴就可以被吸引出来。

（三）甩头法

先把头偏向进水耳的异侧，然后迅速甩向进水耳一侧。重复几次，即可将耳内积水甩出。

（四）压引发

将头偏向进水耳一侧，用同侧手掌紧压在耳廓上，不留空隙，屏住呼吸，然后迅速拉开手掌。重复几次，水就会被吸引出来。

必要时也可以用棉棒或柔软的吸水纸轻轻地伸进耳道，把水吸出来。经常游泳，当耳朵出现疼痛时，应避免下水，症状较为严重时，应及时到医院就诊治疗。

二、预防结膜炎

在蛙泳运动中，常见的结膜炎主要有衣原体引起的游泳池性结膜炎和细菌引起的急性结膜炎两种。游泳池性结膜炎大多是因为泳池内消毒水的化学刺激或水质不清洁，刺激眼睛而引起的，主要表现为眼睛局部酸涩、红肿、有异物感以及不停地流泪等不适症状，一般在几个小时后症状就会消失，对视力也不会造成严重的影响。急性结膜炎又称为“红眼病”，主要因为在公共水域游泳接触到细菌和病毒，被传染而引起的，表现为眼睛红肿、充血流泪、疼痛怕光等。急性结膜炎发病急、传染性强，眼睛有明显的刺激感，病情一般在3—4天可达到高峰，7—14天后可康复。但在这一期间具有传染性。

结膜炎的预防需要做好以下两个方面：一是游泳时要佩带游泳眼镜，二是游泳池水要保持清洁。若游泳后眼睛出现不适症状，要及时预防处理或到医院就医治疗，不要用手或不干净的毛巾擦眼睛。

三、预防妇科疾病

游泳池水为了消毒，一般都会加入一些氯元素，这在一定程度上可以杀灭池水中的细菌，但对女性阴道内的酸碱平衡也有一定的破坏。正常情况下女性阴道内的环境应该是弱酸性的，有利于杀灭进入阴道的各种致病菌和条件致病菌。但如果pH值失衡，游泳时就容易受到感染，引起阴道灼热、发炎等。当出现这些情况时，需及时就医治疗。

四、注意保护头发

游泳池里的水经常消毒，多数会使用液氯或漂白粉，然而这两种物质都属于强氧化剂，游泳后如果不及时洗头发的话，容易对头发造成严重的损伤，不仅会使头发失去光泽，而且还会使头发变得又黄又脆弱。

在自然海域里游泳后，也要马上梳理头发，因为海水中含有盐分，还会有一些细微沙粒，这两种物质都会使头发受损，伤害发丝。而且盐分在紫外线的照射下，可使头发中的角质发生变化，导致发丝变黄、变干燥。有研究表明，经常游泳后未及时用清水冲洗的人，头发呈现不同程度的“积累性损伤”，严重的有可能失去光泽，变黄、变脆，甚至头发断裂。

游泳后要立即用清水冲洗头发，然后再用一些护发素或护发油，这样可以有效去除头发中的氯成分或盐分，从而避免这些残留物质对头发造成伤害。

游泳时预防头发损伤，最有效的办法是佩带游泳帽，它可有效防止头发和池水接触，保护发质。

第五节 特殊条件下的蛙泳安全须知

到江河湖海等天然水域游泳，不仅能更好地培养个人勇敢顽强的意志品质，还可以充分领略大自然的美好风光。但天然水域条件复杂，经常会遇到一些特殊情况，应仔细考察实际情况，看是否具备游泳条件。

一、安全水域的选择

（一）注意水质的清洁

自然水域的水经常流动，水质要比湖水好一些。伴随着经济社会的发展，许多河流被工业用水污染，水质严重恶化。在选择游泳场所时，最好了解水质情况，尽量考虑河流上游水质相对较好的水域。

（二）选择水情相对稳定的水域

下水前，对该水域的水情要有一个明确的了解。一般水下有淤泥、水草、暗礁、漩涡、暗流等的危险水域，应尽量避开，要选择水流相对平缓且稳定的自然水域。

（三）注意水温是否合适

自然水域里的水不会像室内泳池的水一样是恒温的，自然水域的水相对要凉一些。下水之前一定要了解水温，看身体是否能够适应。如果身体不能很好地适应水温，一定不要贸然下水，否则身体会有不良反应，比如抽筋，甚至会发生更严重的问题。条件允许的话，还可以给自己买一件连体泳衣，就像专业游泳运动员穿的那种一样。这种衣服除了会提高你游泳时的表现，还能在一定程度上保持身体的温度。

（四）慎重选择深水区

有一些自然水域，看上去适合游泳，但还应注意，有的水域浅水过渡地段比较少、较陡，一下水就很深。所以在下水之前要清楚了解水深，不要贸然下水。尤其是初学者，更不能在自然水域贸然进入深水区，而且水越深，水温也会越低，容易引发危险。

二、危险情况的应对措施

自然水域江河湖海中的水是流动的，在水量大、河床窄的地方，常常出现急流。在急流中，人的身体控制能力非常脆弱。因此，在自然水域游泳时，一定要量力而行，根据个人的身体状况和技术水平，合理选择游泳区域，千万不要逞强，以免发生意外。另外，在遇到危险情况时，一定要沉着应对，并及时求救，全力配合施救者的救助。以下是在自然水域遇到危险情况的几种应对措施。

（一）陷入淤泥

在自然水域游泳时，如果不小心陷入淤泥，要让身体俯卧在水面上，两手放置身体两侧连续向下压水。同时，绷脚尖随双手下压水时的反作用力，轻轻向上移动，拔出淤泥，然后沿着原来的路线退出淤泥地带。不能像在陆地上一样，以一脚踏地拔出另一只脚的做法，这样做只会越陷越深。

（二）遭遇漩涡

在自然水域中，凡是水流方向和水流速度突然改变的地方，都容易出现漩涡。有漩涡的水面水流会打转，应注意观察尽早避开。如两条河流的交汇处、急流水段、桥墩水闸的下游、排水管的出口处、水底下有突起或其他障碍物。万一被漩涡卷住，应保持镇静，身体平卧，沿着漩涡水流的切线方向游出漩涡，切不可潜入水中或直立踩水，以免发生危险。

（三）遭遇暗流

暗流一般出现在两条河流的交汇处，它的流动是不规则的，是由两条不同方向的水流互相冲击而成。有暗流的地方，水面有些翻滚，水流迂回曲折或有些逆流，身体感觉水温忽凉忽热。如果在游泳时，万一遭遇暗流，不能潜泳，要迅速地在水面上游出暗流区域，游向水流平稳有规则的水域。

（四）遭遇水草

在自然水域游泳时，应该避开杂草丛生的水域，万一被水草缠住，不可手脚乱动，以防越缠越紧，应保持冷静，俯卧或仰卧在水面上，试着自己解脱缠住肢体的杂草，然后两手臂置于体侧，用手掌划水，从原路线返回，或者及时呼救。

（五）遭遇风浪

遭遇风浪时，应沉着冷静迅速判断风浪的大小和方向，以做出应对措施。

如果是一般的风浪，可保持原来的泳姿，掌握风浪变化的规律，让呼吸随着波浪的起伏做动作。如果是大风浪，应采取顺着风浪蛙泳的姿势，逆浪自由泳的方式游回，动作的频率与风浪的节奏要保持一致。如果风浪是从正前方打来的，可在风浪到来之前，深吸一口气，低头入水，等浪头过去后再浮出水面换气。浪头若从侧面打来，应将头转到另一侧去吸气。浪头若从后面打来，则应等风浪过后再抬头吸气。如果遇到不规则的小风浪，换气时可将头部适当抬高，或采用抬头蛙泳等。

（六）遭遇暗礁

在自然水域游泳，对于暗礁应尽早发现，及时避开。要注意观察前方水情，在有暗礁的水域，水流一般会突然变向，出现漩涡，水面有浪花涌动等异常情况，可根据这些特征来识别暗礁，及时避开，以免撞到暗礁上发生危险。

三、意外落水的应急措施

在生活中，时常发生意外落水淹溺事故。造成意外落水的原因很多，有翻（沉）船事故、码头挤撞、过河失足、划船游玩落水、江河捕捞作业及突发洪涝灾害等。溺水者大多是不会游泳者，有时也有会游泳的。遇到这些情况时，要头脑冷静、沉着应对。游泳是一项必备的生存技能，除了要掌握好游泳技术以外，还要根据现场情况迅速采取一些应急措施。

（一）抓住就近的浮体（如木板、树木等），使头部露出水面，调整好呼吸

（二）判断落水位置和周围环境

落水位置离岸边较近时，会游泳者应迅速脱去厚重的衣服和鞋子，顺水

流慢慢游回岸边。不会游泳者应抱紧浮体等待救援，还要注意与施救者密切配合。离岸边较远时，应俯卧在水面上或抱住浮体，不要做一些无用的动作，以免消耗体力和精力，只做呼吸换气动作，沉着冷静，等待救援。

（三）在翻（沉）船时，要根据船只的结构成分做出判断

若是木船应该抓住，不要游离船只。如果水面上有油污等漂浮物，应尽快游离该水域，以免吸入油污中毒。不会游泳者，应尽快寻找救生器材，以争取时间，等待救援。

问题与思考

1. 游泳前为什么要进行热身活动？
2. 为什么剧烈运动后不宜进行游泳？
3. 呛水了怎么办？
4. 如何有效预防耳病的发生？
5. 如何开通气道进行岸上急救？
6. 胸外心脏按压应如何操作？
7. 意外落水时应采取哪些应对措施？
8. 天然水域游泳场所的选择有哪些要求？

课外阅读

名人与游泳

图 2.13 长江两岸

毛泽东一生喜欢游泳，几乎是有水必下，逢河必游。曾先后17次畅游长江（见右图2.13）。小时候的毛泽东就经常在他家屋前的池塘里游泳。在湖南一师求学时，湘江成为他游泳的好去处。1918年3月，善于游泳的上海《教育杂志》主编李石岑来长沙，毛泽东还专门请他到湘江水中游泳。

新中国成立初期，因公务繁忙，抽不出大块时间，毛泽东只能忙里偷闲在室内游泳池里游泳。但他常说："游泳是同大自然斗争的运动，应该到大江大海中去锻炼。"20世纪50年代中期以后，由于条件日渐具备，毛泽东便经常畅游大江大海。他先后游过长江、珠江、湘江、钱塘江、庐林湖、韶山青年水库等大小河流水域，还多次到北戴河的大海中畅游。1956年6月，毛泽东到长江游泳后，写下了脍炙人口的《水调歌头·游泳》。在词中，他用"不管风吹浪打，胜似闲庭信步，今日得宽余"

的句子，抒发了横渡长江的畅快心情。

1966年7月，已是73岁高龄的毛泽东，又一次在水流湍急、波涛汹涌的长江中畅游，历时65分钟，游程达30华里。他的亲身实践对群众性游渡江河湖海活动的推广起到了巨大的作用。他认为游泳既能锻炼身体，舒展筋骨，又能磨炼意志，增强征服大自然的勇气，是一项很好的体育运动。

第三章　蛙泳教学法

蛙泳教学是在水中进行，水有压力、浮力和阻力，这些与我们生活的陆上环境有很大的区别，也给蛙泳的学习带来了一定的难度。蛙泳技术与其他的体育项目相同，既具有体育的特性，又有自身的规律。在教学中要依据水环境的特点和蛙泳动作技能的形成规律，以及人体生理机能活动变化的规律进行。

第一节 教学特点

一、熟悉水性是基础

蛙泳教学在水中进行，对于初学者来说，不是先学习蛙泳技术，而是应先熟悉水性，适应水的环境，掌握基本的游泳技能，学会呼吸、漂浮站立和滑行等基本技术，以消除恐惧和怕水心理，然后再进行蛙泳的学习。

首先，要先适应水的浮力。人在齐腰、齐胸深的水中会站立不稳。由于人体结构的比例不同，有的人容易漂浮起来，有的人不易漂浮起来。要使身体漂浮起来并保持平衡，需要专门的技术。其次，人在水中会受到水的压力，使人呼吸困难，与陆上相同的呼吸方法很容易使人呛水，需要适应水的压力并形成一种新的呼吸节奏。再次，陆地上的各种活动都是以身体直立姿势进行的，而蛙泳采用的是在水中没有任何固定支撑的俯卧姿势，干扰了人体前庭器官的感觉和分析，使初学者的身体平衡性受到的刺激强于运动感觉，从而无法控制肢体的运动，增加了学习难度。因此，对于蛙泳初学者的教学，不是开始就学习技术动作，而是要先适应水的环境、熟悉水性。

二、身体的受力复杂

蛙泳是身体平直俯卧水中向前游进的。因此，身体入水后，要受到水的浮力、阻力与推进力的影响。根据阿基米德原理，人体在水中会受到向上的浮力作用，浮力的大小等于人体所排开的同体积水的重量。人体平均密度接近于水，尤其在吸足气时，胸腔扩大，总体积增大，密度变小，约为 0.96—0.99 克 / 立方厘米，身体就能够在水中漂浮起来。但是，由于人体的上下肢所占比例不同，造成浮心和重心的分离。人体的漂浮姿势受重心和浮心的影响，如果人俯卧在水中，双手置于身体两侧，重心和浮心不在一条垂直线上，下肢就会逐渐下沉。相反，如果双臂前伸，重心前移，身体平直，重心和浮心重和，人体就能在水中漂浮起来。

三、呼吸是学习的重点

人们在陆地上的呼吸是自如的，通常用鼻子呼吸。而游泳时的呼吸和陆上呼吸有明显的不同：要用口在水面上吸气，用口和鼻子在水中呼气，在吸气和呼气之间要有一个短暂的闭气阶段。呼吸还必须与肢体动作密切配合并有节奏地向前游进。初学蛙泳时，呼吸始终是学习的重点，贯穿于整个学习的全过程。如果呼吸技术掌握不好，就会被动地呛水、喝水，无法加长距离游。要想学会蛙泳，就必须掌握水中呼吸，还要在一定的技术动作配合下进行有节奏的呼吸，以保证人体能在水中运动自如。这是因为，游泳时一旦遇到特殊情况或在自然水域中遇到风浪，不会呼吸很容易发生危险。

四、用力习惯的改变，加大了学习难度

学习任何一种运动技能都要力求掌握正确的技术。蛙泳是模仿青蛙水中动作的一种游泳姿势，与陆上运动时的有固定支撑的直立感觉完全不同，这就改变了人体空间定向的正常感觉，干扰了前庭器官的稳定性。人在水中游泳时，水的阻力比空气中的阻力大 800 多倍，向任何一个方向游进都会受到水的阻力的影响。同时，水是流动的，身体俯卧在水中无固定支撑，也加大了获取动力的难度。如果动作不正确、技术不合理，在水中就很难向前游进。

五、技术动作的学习要水陆结合

学习蛙泳是在水中进行的，水环境是人们所不熟悉的。首先要熟悉水的压力、阻力和浮力，还要适应在水中没有听觉和视觉的帮助，完全凭借肢体感觉来做动作。蛙泳技术不是人的本能，是后天学习的动作技能，是模仿青蛙的动作创造出来的。人们习惯于陆上的直立活动，对于水中俯卧的动作，需要重新学习。

蛙泳初学者，到了水中想做的动作，基本都做不出来。而陆上有固定支撑的练习，降低了动作难度，有利于初学者掌握正确的技术动作。因此，蛙泳技术动作的学习都要经过一个由陆上练习过渡到水中练习的过程。陆上的模仿练习，帮助初学者理解动作要领、动作路线，掌握正确技术，具有很大

的促进作用。一般来说，陆上模仿不出的游泳动作，水中也做不出来。通过陆上模仿练习，在脑海中建立正确的技术动作表象，是水中练习的必备前提。

陆上模仿练习不能替代水中练习。水中练习时的身体姿势、肢体感觉、用力顺序等都与陆上练习有很大的区别。注意判断转入水中练习的时机，陆上模仿练习时间不易做得太长。但是，转入水中练习太早又影响动作质量。在进行一定的陆上练习粗略掌握动作之后，就应及时转入水中的练习。

第二节 教学要求

蛙泳的学习与其他的体育项目一样，既有体育的特性，又有自身的规律与要求。

一、教学要求

（一）安全是前提

确保安全是蛙泳教学首先考虑的问题，一定要认识到安全对蛙泳学习的重要性。在教学过程中要消除一切不安全因素和隐患，学生有特异体质或特殊疾病的不宜参加游泳教学活动。对学生进行安全教育，要贯穿于蛙泳教学的始终。对于和群众开放时间同时进行的游泳教学班级，教学区域要有明显的标志，具有安全保护措施与方法，发现问题时，应变能力要及时。

（二）科学实施教学过程

教学过程与教学环节的设计与实施要具有科学性，讲解精练，富有启发性，示范的时机要恰当且正确，课的运动量与练习密度安排合理。课堂组织要井然有序，教学方法与手段要有实效性，准确把握教学重点与难点，发现错误动作及时进行纠正。教学态度认真负责，对学生要严格要求，关心爱护，能够激发学生练习的积极性、主动性，按计划完成教学任务，教学效果良好。课下对学生的技术掌握情况及时进行总结，对学生提出练习要求，为后面的学习做好准备。

（三）合理安排技术动作

蛙泳初学者的技术动作与蛙泳专业运动员的技术动作是有区别的。良好的游泳技术需要有一定的专项能力为基础，蛙泳初学者的专项能力相对要差，直接学习先进的蛙泳技术不现实，只能先学习简单的，能够被大多数学生接受的平式蛙泳技术，早呼吸、早配合、宽蹬腿（见下图 3.1）。

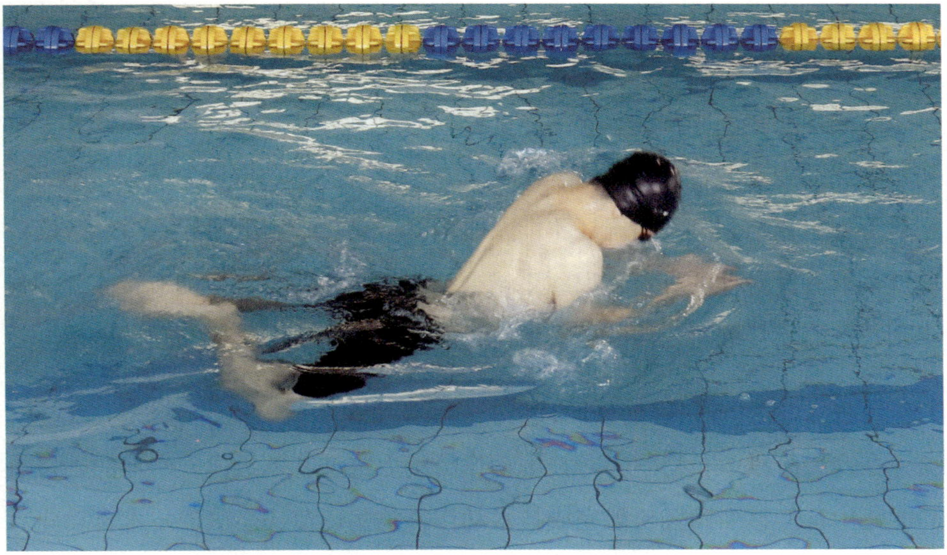

图 3.1 蛙泳“平式”技术示意图

二、教学过程

蛙泳教学是教师与学生的双向活动，是充分发挥教师的主导作用，指导学生主体自觉积极地进行学习的过程。蛙泳技术的教学过程可根据任务和要求分为三个不同的教学阶段。

（一）粗略掌握动作阶段

这是一个粗略掌握动作的阶段。蛙泳初学者在掌握游泳基本技术后，开始学习蛙泳技术，通过教师的讲解、示范和个人的实践练习，对所学技术建立初步的印象，体会肌肉感觉、技术路线等，能够做到大致的掌握动作。

这一阶段对技术动作的掌握主要表现为：动作紧张费力，僵硬不协调，有多余动作。在学习中，要注意多练习，善于总结，通过不懈努力，初步建立动作概念。初步体会技术的大体动作结构、方向、路线，不必过多地强调动作细节。

（二）改进与提高动作阶段

蛙泳初学者在这一阶段的学习，主要是纠正各种错误动作和多余动作，以便进一步改进技术，提高动作的准确性和协调性。通过对技术动作的反复练习，动作质量不断提高，初学者能够比较顺利、连贯地完成技术动作，并初步形成动力定型，游泳距离逐渐加长，但此时技术动作还欠熟练，动力定型还不稳定，遇到突发情况还不能及时应对，会出现新的错误。这一阶段应重点采取有针对性的练习，以纠正错误技术为主，体会动作细节，注意加强个别技术的反复练习，以利于巩固提高正确的技术动作。

（三）巩固与完善动作阶段

在这一阶段中，初学者对技术动作的动力定型基本形成，学习的兴奋性高度集中，能够准确轻松地完成技术动作，某些环节还会出现技术自动化。在学习中要注意体会动作细节，进行大量的重复游，逐渐加长游进距离。通过运动量的积累，进一步改善水感，巩固和完善动作，逐渐形成动作自动化，使游泳技术更为娴熟、轻松、自如、省力。

蛙泳初学者，从不会游泳到熟练地掌握蛙泳技术，一般都要经过上述三个阶段，这些阶段相互间是有机联系的。因每个人的具体情况不同（如学习基础、自身条件、练习态度等），经历上述三个阶段的时间和程度也会有所不同。因此，要根据具体情况，采取适当的练习方法，缩短各阶段的练习时间，以促进蛙泳技术的掌握和提高。

三、教学效果

蛙泳教学是教师的教授与学生学习的双边活动，在整个教学过程中需要双方的共同努力才能取得好的效果。任何一方的欠缺与不足，都会影响到最终的教学效果。

在一个蛙泳教学班里，技术动作掌握快的学生与学起来有困难的学生只是少数，大多数的学生是能够按照教学计划完成既定的教学任务的，但是一个班里没有一个学习困难的学生也不现实。教师的教学水平和能力体现在一个教学班的整体水平上。教师具有丰富的教学经验不仅体现在学生在规定的课时内能游多长的距离，还体现在所掌握技术动作的质量上。教师在教学中运用的教学方法、教学态度与组织能力将直接影响教学效果。而良好的教学效果主要取决于以下几个方面。

（一）教师的因素

语言表达能力；对本学科知识的掌握；教学态度；对肢体语言的运用；技术动作的示范能力；教学经验的积累。

（二）学生的个人因素

学习动机；课堂学习与练习时的专注力；身体素质水平；对技术动作的理解能力；学习的愿望。

（三）学习环境

1. 水质和水温是否符合要求；

2. 学习时间；

3. 学生练习时的分组；

4. 适宜的学习环境（见下图 3.2）；

图 3.2 标准游泳训练馆赛道

5. 合适的辅助器材。

第三节 教学原则

教学原则是根据教学目的与教学过程，遵循学生身心发展规律，从教学实践中总结出来的。是教学过程客观规律的反应，也是教学工作的基本指导要求。在蛙泳教学过程中正确遵循这些教学原则，有利于教学任务的完成和教学质量的提高。

一、自觉积极性原则

自觉积极性原则是指教师在教学过程中，根据学生的身心特点，在教师的主导下，充分发挥学生的主体作用，使学生的学习成为自觉行为。

在教学中运用自觉积极性原则，要注意以下几个方面。

（一）充分发挥教师的主导作用

运用合理的教学方法，充分发挥教师的主导作用，全面调动学生学习的自觉积极性。在教学过程中，教师要为人师表，教书育人，端正教学态度；要严格要求学生，做到一视同仁、耐心指导，与学生建立良好的师生关系；上课时要富有激情，口令清晰，语言表述生动准确，讲解通俗易懂，富有启发性；示范动作准确到位，进一步提高教学质量。

（二）明确学习目的

在蛙泳教学的开始，就向学生宣布教学任务、教学目标及要求、考核内容与标准等，让学生明确学习的目的，并通过教师的讲解认识到蛙泳对强身健体的重要性，以及蛙泳在生产生活、武装泅渡等方面的实用价值。

（三）培养学习兴趣

在教学中，教师培养和激发学生的学习兴趣非常重要。学生对蛙泳的学习非常迫切，富有极大的兴趣，就会在学习中努力克服困难，认真练习技术动作，并不断提高练习的要求。在教学过程的各个阶段，教师要根据学生的实际情况，提出切合实际的学习要求，让学生通过个人的努力能够达到目标，也让其能够体会到付出后获得收获的喜悦。另外，课的组织要多样化，在技术学习中，采用水陆结合的方式进行。对于初学者要先进行熟悉水性的练习，逐步消除其怕水心理，增强学习蛙泳的兴趣，使蛙泳教学成为一个生动的学习过程。

二、直观性原则

直观性原则是指在教学中充分利用学生的直观感觉和已有经验，通过各种形式的感知，丰富学生的感性认识和直接经验，从而获得对技术动作的生动表象，有助于技术动作的形成和掌握。

在教学中运用直观性原则，要注意以下几个方面。

（一）引导学生善于观察

在蛙泳教学中，教师要启发学生相互之间善于观察，对比动作的正确与错误，分析新学习的技术动作与已学技术之间的相互联系与区别，明确动作结构，抓住关键技术环节，形成正确的动作表象。

（二）综合运用各种感官

在蛙泳教学中，学生可以通过视觉、听觉来感知动作的结构，还可以通过关节、肌肉的本体感觉来感知完成动作时肌肉的用力程度和方向，以建立完整的动作概念。教师要通过准确规范的示范和生动形象的讲解，给学生的视觉、听觉以良好的刺激。示范主要有陆上示范，水中正误对比示范等。必要时，教师还可以直接辅导学生做一些辅助练习，启发学生思维，让学生真切地体会动作路线、动作方向以及动作的幅度。

（三）现代教学手段的运用

蛙泳教学受水中教学环境的限制，可充分借助现代教学手段进一步发挥直观教学的作用。现代教学手段常用的多媒体教学技术有挂图、照片、录像等。对于一些不能分解的、结构复杂的动作和动作细节可以利用挂图、慢速录像来显示动作的内部结构和细节，以帮助学生更好地理解动作过程，从而达到更好的教学效果。

三、循序渐进原则

循序渐进原则是指教学中根据学生认识活动的特点，人体机能和动作形成的规律，正确地安排教学内容、教学步骤和运动量，由易到难，由简到繁，逐步深化，循序渐进，使学生能系统地学习知识，有效地掌握技术。

在蛙泳教学中运用循序渐进原则，要注意以下几个方面。

（一）合理安排教学内容

在安排教学内容时要由简到繁、循序渐进。先学习基本技术，再学习完整技术；先进行分解教学，再过渡到完整配合；先讲解动作轮廓，再讲解动作细节；先熟悉水性，消除怕水心理，再学习技术动作。

（二）循序渐进逐步提高运动量

在蛙泳教学中，一节课的运动量要逐步增加，当增加到一定程度后，要注意运动量的保持，然后逐步下降。这样安排有利于提高学生的运动水平，增强体质，也有利于运动技术的掌握和提高。

（三）温故而知新

在蛙泳教学中，每一节课的任务都有明确规定。为了完成教学任务而追求教学进度，是导致技术动作差的主要原因。因此，应在每一节课中先复习巩固已学知识和技术，然后再学习新的内容，这样安排也有利于技术的衔接。

四、实事求是原则

实事求是原则是根据学生的年龄、性别、身体素质、教学环境等情况制定教案，使课的任务、内容、要求、组织教法和运动量的安排都能符合学生的实际。

在蛙泳教学中贯彻实事求是的原则，应注意以下几个方面。

（一）从实际出发合理制定教学目标

在蛙泳教学中，必须考虑各种客观因素，根据教学课时安排，制定合理的教学目标。要充分利用现有教学条件，使教学手段多样化；根据水温、水质等情况，及时调整陆上和水中练习的时间比例等。

（二）了解学生的具体情况

教师要通过多种途径了解学生的身体条件、健康水平、性格特点、游泳基础等，还要掌握个别学生的特殊情况，以便有针对性地实施，因材施教。

（三）一般要求与区别对待相结合

一个教学班的学生刚开始上课时，相互之间的差距不明显，随着教学进度的延伸，学生之间的差距会逐渐加大。教师要把主要精力放在全体同学的普遍提高上，先解决普遍存在的问题，然后再解决少部分学生的个别问题。当大部分学生掌握了技术动作进入复习巩固阶段时，再帮助那些困难的学生。

五、巩固提高原则

巩固提高原则是在教学中，使学生牢固地掌握所学知识、技术和技能，能随时在记忆中再现这些内容，并在实践中加以运用。巩固与提高是相互联系的，技术动作的巩固过程为技术动作的提高创造了条件。因此，不仅要培养学生自觉地学习知识和技术，而且还要注意巩固已掌握的原有知识与技术，在巩固的过程中不断提高。

在蛙泳教学中贯彻巩固提高的原则，应注意以下几个方面。

（一）集中安排授课

蛙泳教学课时的安排尽量要相对集中，以利于运动技能的巩固与提高，避免因课时间隔时间太长而发生遗忘或运动技能的消退。

（二）反复练习逐步提高

在教学中，学生掌握一定的技术动作之后，就应进行大量的短距离重复游的练习，以利于正确技术动作的巩固，促使技术动作从量变达到质变，逐步形成正确的动力定型。这也有助于培养学生练习的自信心。学生看到自己的进步，会激发学习的自觉积极性，从而高质量地完成教学任务。

（三）提高练习难度

在教学中，逐步提高练习难度，可促使学生的运动技能得到进一步的提高。

六、由陆到水的原则

蛙泳技术不是人类的本能，是人类后天学习的动作技能，是模仿青蛙的动作创造出来的。人们习惯于陆上的直立活动，对于水中俯卧的动作，与日常用力习惯不同的动作，都需要重新学习。蛙泳教学在水中进行，而水环境是人们所不熟悉的。因此，学习蛙泳，要先熟悉水性，熟悉水的环境，熟悉水的压力、阻力和浮力，还要适应在没有听觉和视觉的帮助仅凭感觉来做动作。初学蛙泳的人都有深刻的体会，在水中想做的动作做不出来，而陆上做动作却很容易。由陆到水的原则是指学习一种新的游泳技术首先要从陆上的模仿练习开始，通过陆上模仿建立起所学动作的基本概念，然后再过渡到水中练习。

在蛙泳教学中贯彻由路到水的原则，应注意以下几个方面。

（一）水陆结合比例适当

蛙泳教学包括水上和陆上两部分的教学，在安排练习时间和选择练习手段时，水中和陆上的比例要适当，水陆结合，以水为主。在学习新技术的开始阶段，陆上教学要多于水中教学，随着学生技术动作熟练程度的提高，陆上模仿练习逐渐减少，过渡到水中练习的时间逐渐延长。

（二）陆上模仿动作与水中动作接近

在教学中，陆上模仿动作的设计尽量与水中蛙泳技术动作相近，差别太大不利于掌握水中的正确技术。

（三）掌握转入水中练习时机

从陆上的模仿练习转到水中练习，要及时恰当掌握时机。陆上练习过多容易浪费时间，转入水中太早则影响技术动作的掌握。因此，要灵活掌握，陆上练习熟练了就转入水中，水中动作乱了就转到岸上模仿，反复练习，建立动作概念。

第四节 教学的组织与进行

一、蛙泳教学的分组

教学分组要根据游泳环境的具体设施、学生状况、师资配备等因素而定。合理的教学分组有助于教师的教学组织，有利于安全保障，有利于学生间的互帮互助，有利于提高教学质量。

常用的教学分组主要有以下几种方法。

（一）随机分组

随机分组是不考虑学生的基本状况，任意分组。这种分组方法简单，把技术水平好的学生与技术水平差的学生编在同一个教学班里，有利于学生之间的互帮互助，让基础好的学生帮助基础差的学生进行练习。但是采用这种分组方法不能满足技术水平高的学生的学习需求，可能会挫伤他们练习的积极性。在教学实践中，还要安排一定的时间对他们进行专门的辅导，不仅加大了教学的组织工作，也不利于整个班级教学效果的提高。

（二）按照技术水平分组

按照技术水平分组是根据学生技术水平的高低编在不同的教学组中。这种教学分组方法有利于教师根据学生的技术水平安排不同的练习内容和运动量。能较好地体现因材施教，便于区别对待。对于技术水平较高的组，教师可加快教学进度，加大教学难度，增加运动量。对于技术水平较低的组，教学进度要适当放慢，降低技术难度，加强技术的巩固性练习，同时也要适当降低运动量。

（三）综合分组

先进行随机分组，然后在教学过程中根据学生学习掌握技术的情况，定期或不定期地进行调整，按照技术水平重新分组。这种调整方法一般放在熟悉水性的教学以后进行。

以上三种教学分组方法各有优点和不足，教师可根据不同教学阶段的具体情况灵活运用。

二、蛙泳教学的顺序

蛙泳的身体姿势平稳，动作省力，呼吸自然，技术动作容易学习，掌握动作节奏后很快就能游较长的距离。因此，蛙泳成为普通学校游泳教学的首选泳式。

（一）蛙泳教学的顺序

蛙泳的教学包括腿部动作、臂部动作、呼吸动作、臂与呼吸的配合动作、臂与腿的配合动作和完整配合动作。蛙泳的游进方式是人体俯卧水中进行，身体重心偏于下肢，浮心靠近上体，重力与浮力所形成的力偶矩容易导致下肢下沉，而水中游进时保持身体成水平姿势则是蛙泳技术的基本要求。因此，在蛙泳教学中，先学习腿部动作，通过腿部技术动作促使下肢上浮，以形成良好的水平姿势向前游进。然后再学习臂部动作以及臂与呼吸的配合动作。接着再学习臂与腿的配合动作。在臂与腿的动作配合协调的基础上，加上呼吸的动作，最后逐步过渡到完整配合动作的学习。

在蛙泳教学中，腿部动作是基础，配合动作是重点，呼吸动作是难点。因为呼吸动作是难点，所以呼吸动作的学习要常练、多练。在臂与呼吸动作的学习中就要掌握动作的配合节奏，为完整配合动作打好基础。

（二）具体动作的教学顺序

在蛙泳教学中，一个具体动作的教学顺序是。

1. 讲解示范

教师根据教学内容提出学习的动作，并进行动作示范，讲解动作要领，使学生初步建立动作表象，了解动作环节和重点要求。

2. 陆上模仿练习

初学者在教师的指导下做陆上模仿练习，先分解动作模仿再过渡到连贯动作的模仿，体会动作要领，初步建立动作概念。

3. 水中有固定支撑练习

例如扶泳道线练习，扶池壁练习，在同伴的帮助下练习，在浅水区原地站立练习，在水中走动练习等。逐步体会水中的技术动作。

4. 水中无固定支撑练习

例如双手扶打水板练习呼吸及蛙泳腿，两腿夹打水板练习划臂等技术动作。

5. 水中无支撑练习

各种动作的分解游、配合游，并不断纠正错误，改进不足，完善动作。逐渐增长练习距离，巩固提高技术动作。

三、备课与上课

蛙泳教学与其他体育项目教学一样，是通过一定的组织形式来实现的。根据每次课的具体任务，可分为新授课、复习课、综合练习课和考核课等不同类型。教学工作是按照一定的程序进行的，大致程序包括备课、上课、布置课外作业、课外辅导、考核与评定学生成绩等环节，其中上课是教学工作的中心，备课是上好课的必备条件。

（一）课前

教师要按照教学计划备课、编写教案。教学任务要明确合理，教学步骤、教学手段的选择与安排要符合教学原则，运动量的安排要合理适中。

（二）课中

1. 教学态度要端正

投入积极饱满的热情，对学生要严格要求、耐心教授、关心爱护，能够调动学生学习的积极性并起到主导作用。

2. 合理控制课的进度

教师在课中执行教案时要有应变能力，可根据学生学习的实际状况对原有的教学计划进行适当调整。要根据大多数学生的学习掌握情况选择练习方法，不要因为个别学生的问题而干扰了整体的教学效果。

3. 教学过程与教学设计要有科学性

为了提高教学效果，教师要注意教学过程与教学环节设计的科学性，讲解要精练且富有启发性。动作示范准确、时机恰当，练习密度与运动量安排科学。

4. 按计划完成教学任务，教学效果良好

组织合理、有序，教学方法、教学手段合理有效，能够准确把握教学重点与难点，及时地纠正错误动作，安全保护措施到位，对于突发情况具有应变能力。

每次授课按照教案内容进行，而且在整个教学过程中，教师要灵活运用教学原则和教学方法。因此，教师要加强业务锻炼，不断提高教学水平。

（三）新授课

新授课以教师的示范、讲解、陆上模仿、水中练习为主要内容。要注意通过各种练习方法，不断强化巩固动作概念。陆上模仿和水中练习反复进行，注意陆上和水中练习的时间比例安排适当，教师要精讲，学生要多练。

（四）复习课

主要以提高体能，改进技术为主要内容。提高体能的练习内容主要以错误动作少，技术含量低的动作为主。

（五）综合课

主要包括新讲授内容和复习内容。由于游泳课的特殊性，大部分初学者普遍存在怕水心理。在课的开始部分不宜安排新讲授内容，而是以复习巩固原有知识为主，复习时间的长短取决于两次课的间隔时间，如果间隔时间长，复习时间也就相应延长。

四、不同年龄的蛙泳教学

（一）少年儿童蛙泳教学

1. 少年儿童学习蛙泳的意义

少年儿童作为学习活动的主体，其自身所具有的认知、情感等特征都会对学习产生重要的影响。根据这一阶段的生长发育特点，普遍认为少年儿童时期具备了学习游泳技术的最佳条件。通过合理安排学习内容，选择合适的教学策略，游泳不仅能够促进少年儿童身心健康发展，而且还有利于少年儿童对知识技能的理解和掌握。

图 3.3　中小学生蛙泳训练示意图

我国每年夏季发生的中小学生安全事故中，溺水排在首位。在溺水事故中，大部分中小学生是因为不会游泳而导致意外发生。有研究表明，系统地进行两年以上的游泳学习与训练，可以有效地避免溺水事故的发生。西方一些发达国家，非常重视游泳运动的普及与推广，把游泳作为一门必修课程纳入中小学生的学习中。目前，我国也有一些省市已明确规定：初中升高中的体育与健康课程，必测的项目除中长跑之外，游泳被列为选项之一。游泳不仅可以强身健体发展心智，而且也是一项重要的生存技能（见上图 3.3）。少年儿童是祖国的未来、民族的希望，其生长发育水平不仅对个人身心健康有着重要影响，也与未来的生活质量关系密切，更重要的是“少年强则国强，少年独立则国独立，少年自由则国自由”。

2. 少年儿童蛙泳教学注意事项

少年儿童初学蛙泳，首先要解决学习过程中恐惧怕水的心理。对这一普遍存在的心理现象，要采取有针对性的教学方法，尽快消除怕水心理，这在教学过程中具有重要的作用。尤其是个别初学者的不良行为，会影响到一节课的教学效果和教学进度。

（1）教学顺序的安排要遵循由易到难的原则。每一个动作要先进行分解练习，降低动作难度，逐渐过渡到完整练习。

（2）运用相似技术教学原理安排教学方法。两个衔接的教学手段之间有一部分的动作是接近或相似的，这样逐渐增加难度，相对容易理解，有利于技术动作的掌握和巩固。各动作之间相互渗透相互衔接。

（3）对新技术动作的学习，陆上模仿练习是学习巩固技术的有效方法。陆上模仿练习有利于明确动作概念和动作要点。在巩固和改进技术时可采用陆上模仿和水中练习交替进行的方法。

（4）合理使用辅助器材。无论是深水区还是浅水区教学，合理使用辅助器材是提高教学质量、掌握技术动作的有效方法。在深水区，教学辅助器材是必不可少的，辅助器材的使用有利于消除怕水心理。在改进技术动作时，使用辅助器材，由于难度的降低，有助于正确技术的巩固提高。在教学中，对于有学习困难的少年儿童要多关注一些，因材施教，区别对待，进一步激发和培养其学习蛙泳的兴趣。

（5）精讲多练。练习数量是保证动作质量的基础，动作技术的巩固需要多练。注意各种教学手段的交叉安排，以利于激发学习兴趣。对于学习有困难的少年儿童，要进行有针对性的指导，并且要安排在练习区域较为明显的位置，防止发生意外。

（二）中老年蛙泳教学

随着全民健身活动的深入开展，越来越多的中老年人参与到游泳这项活动中来。游泳锻炼不仅能够强身健体，还能锻炼人的意志品质，是适合各个年龄阶段人群参与的终身体育活动。

1. 中老年人参加游泳活动的意义

中老年人一般是指 40 岁以上年龄段的人群。一个人从 40 岁开始，身体各个器官衰退的速度明显加快，体能开始下降，听力减退，一些老年性疾病也开始慢慢出现。人们无法永葆青春与活力，但可以通过体育锻炼延缓衰老的速度，游泳就是一项很好的锻炼方式。另外，随着生活水平的不断提高，人们对物质、文化、健康水平及休闲娱乐的要求也逐渐提高。可是，家用电气化的普及，减小了人们的体力劳动；饮食结构的变化，如蛋白质、脂肪的过多摄取；工作节奏加快引起的紧张、焦虑等。上述这些因素导致了中老年人群肥胖、高血压、糖尿病等疾病的时有发生，严重影响了他们的身心健康和生活质量。经常坚持游泳锻炼，不仅可以降低体重，保持心理健康，而且可以减轻更年期的不适症状，延缓衰老。因此，为了满足中老年人群强身健体、医疗康复、陶冶情操、休闲娱乐的需求，有效地减少病痛、增进健康、保持体力，根据个人的年龄和身体状况，适当参加游泳锻炼是十分必要的。

2. 中老年人进行游泳活动的注意事项

（1）游泳虽然具有不分男女、体质强弱、水平高低、老少皆宜的特点，但是患有严重的高血压、心脏病、耳鼻喉病、皮肤病、性病及精神病等病症的人群，不适合进行游泳锻炼。

而患有轻度高血压、心脏病、糖尿病、更年期综合征、颈椎病、腰椎病、关节病等病症的中老年人群可以参加游泳锻炼，并且有利于上述病症的康复和辅助治疗。

（2）中老年人群进行游泳锻炼时，要根据年龄和身体状况科学合理地安排活动内容。身体有汗时应及时擦干，下水前做好充分的准备活动，特别是四肢各个关节一定要活动充分。

（3）每次下水游泳的总量和活动强度要合理控制，游进速度慢慢加快，循序渐进，量力而行。活动中要时刻关注自己的身体反应和变化。

第五节 蛙泳动作教学方法

教学方法是指教师为完成教学任务所采用的教法和学生学习所采用的学法。教学方法是实现教学目标，完成教学任务，提高教学质量的重要条件。因此，在蛙泳教学中教师应根据教学内容，采用符合学生认知规律的有效教学方法来传授蛙泳的知识和技能。

一、蛙泳教学中的讲解

在蛙泳技术动作的学习中，讲解是必备的环节，是传授知识、启发学生

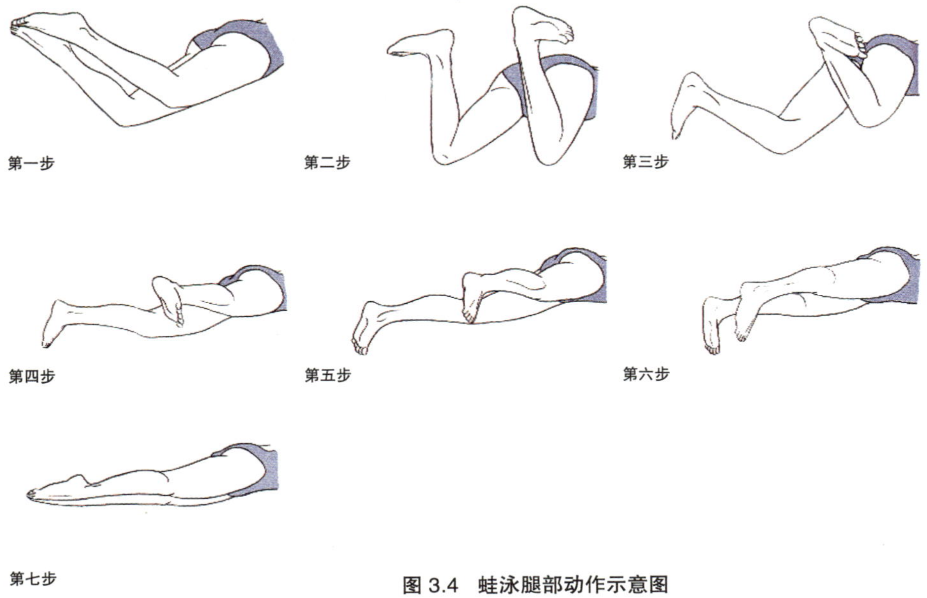

图 3.4 蛙泳腿部动作示意图

思维、提高教学质量的重要手段。讲解的准确性、科学性和艺术性对教学效果具有较大的影响。

（一）清晰的讲解结构

蛙泳的技术相对较为复杂，对于一个具体的动作讲解要有清晰的框架，抓住重点，明确各技术环节之间的联系，形成条理清楚的讲解框架。能够熟练运用蛙泳专业术语来反映动作要点，以便于学生的理解记忆。例如，身体成“流线型”姿势向前滑行等。按照知识动作框架（见上图 3.4），做到精讲多练，提高教学效果。

（二）语言生动形象

生动形象的语言讲解能提高学生理解能力，有助于动作要领的掌握，形成完整的动作概念。在语言形象化的运用上，可通过夸张、比喻等方法，以增强记忆效果。例如，讲解蛙泳手臂的动作轨迹时，可以形容“像一个桃子型”。

（三）陆上讲解与示范紧密结合

蛙泳教学的讲解要以陆上为主。在学生下水练习之前，要把动作要领、练习方法、注意事项等，向学生讲解清楚。每一个动作从理解到掌握都有一个过程，学生在水中练习时，教师不要干预太多，给学生一个思考的过程，让学生在练习过程中慢慢体会动作要领。

讲解和示范是紧密结合的。讲解重点体现在动作要领上，示范重点展示动作的外部轮廓。生动形象的语言讲解结合准确的动作示范，能达到更好的教学效果。一般来说，陆上学习动作是边讲解边示范，然后再针对重点讲解；水中学习动作是先示范后讲解，为加深学生印象再示范。把讲解与示范有机结合，可有效促进学生对技术动作的掌握。

二、蛙泳教学中的示范

在蛙泳技术动作学习中，正确的示范是最基本的教学手段，它能使学生通过视觉理解动作的要领、结构，从视觉上帮助学生建立整体的动作概念，激发学生学习的兴趣和愿望。

（一）示范的队形组织与示范位置

蛙泳教学的队形组织一般分为陆上和水上两种。在示范时，首先要组织好队形，安排好学生站的位置。教师的示范位置要让每一位学生都能看清楚示范动作，示范点要根据场地的情况和队形的站位而定。教师在水中示范动作时，学生可以站在岸边，也可以站在水中，主要目的是让学生看清水下动作的方向、路线和角度。

（二）示范的要求

动作示范要突出重点主次分明。在每次示范时，根据教学任务和教学内

图 3.5 蛙泳正面示意图

容，对学生观察示范动作提出具体要求，在技术动作的完整示范后，进行重点动作的分解示范。示范动作可采用不同的示范面进行。示范面主要有正面（见上图 3.5）、侧面和背面，为让学生看清楚重点技术环节，在示范时可同时采用多种示范面。例如，在学习蛙泳腿部动作时，可同时采用正面示范和背面示范。动作示范一般采用中速和慢速进行，对于初学动作，为使学生看得更清楚每一个技术环节，一般多采用较慢的速度示范。

（三）正误动作对比示范

在学习新的技术动作时，要帮助学生尽快建立动作概念，预防错误动作的产生。教师在进行正确动作示范后，也可重点示范一下常见的错误动作，使学生通过正确动作与错误动作的对比，来加深动作印象，以便于在技术练习中掌握正确动作。

三、蛙泳教学方法的运用

在蛙泳教学中，一个具体动作的教学方法主要有以下几种。

（一）分解教学法

分解教学法是把一个完整的技术动作，合理地分成几个部分，按每一个部分依次进行教学，最后连贯成完整的技术动作。分解教学法的优点是简化教学过程，使复杂的动作变得简单，从而降低了动作难度，增强了学生学习的信心，有利于学生在短时间内掌握复杂的动作。在蛙泳教学中，运用分解教学法，可以把完整动作分解为腿部动作、臂部动作、臂与呼吸的配合动作、臂与腿的配合动作，最后把各分解动作连贯起来组成完整配合动作。对于一个复杂的动作也可以继续分解。例如，蛙泳的臂部动作可分解为外划、下划、内划和伸臂四个部分。分解教学法如果运用得不恰当，就容易破坏动作的连贯性，影响正确技术的掌握。例如，蛙泳腿的分解动作练习时间过长，会造成收腿、翻脚、蹬夹水各部分动作之间的脱节，影响正确动作的掌握和形成。

运用分解教学法（见下图 3.6），要明确各动作之间的连贯性，让学生掌握各分解动作在完整配合动作中的位置和作用。在基本掌握动作要领后，要及时转入完整动作的练习。

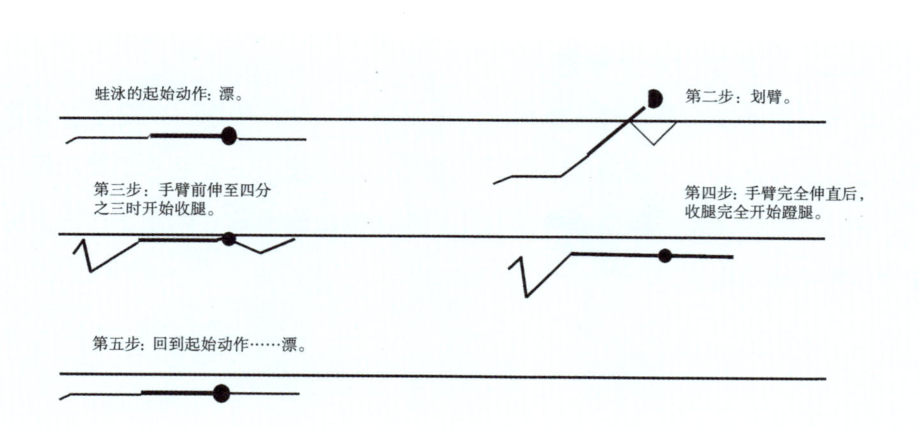

图 3.6　分解教学法

（二）完整教学法

完整教学法是从技术动作的开始到结束，不分部分和段落，完整地进行教学，通常对难以进行分解的复杂动作采用完整教学法进行教学。其优点是不会破坏各部分之间的联系和动作的结构，便于学生掌握完整动作。

复杂动作采用完整教学法，要突出重点部分和细节，或者是先掌握动作的方向、路线，然后再要求动作的幅度和节奏。完整教学法的缺点是不容易掌握复杂动作的细节。

（三）分解与完整教学法紧密配合

在蛙泳教学中，分解教学法与完整教学法各有优点与不足之处，常用的方法是“完整—分解—完整”的教学程序，这是一种以完整教学为主，把分解教学与完整教学有机结合运用的教学方法。对于一个具体动作，选择哪一种教学方法，取决于动作的复杂程度和学生的接受能力。但是，同一个技术动作，对于身体素质好的学生来说是简单动作；对于身体素质差的学生来说则是复杂动作。同一个动作，对于接受能力强的学生用完整教学法；对于接受能力差的学生则用分解教学法。

分解与完整教学法的结合运用也可采用“分解—完整—再分解—完整”的教学程序。在教学中，先进行分解教学，让学生初步体会动作要领后；再进行完整教学；然后再进行分解教学，纠正技术动作；最后再进行完整教学。通过反复练习，达到掌握完整配合动作的教学效果（见下图 3.7）。

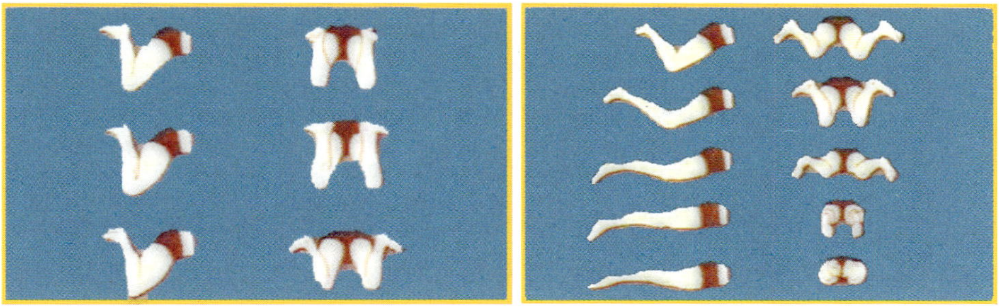

图 3.7 分解与完整教学法紧密配合示意图

（四）分层累加教学法

分层累加教学法是通过逐渐积累的方法来掌握复杂技术动作和动作细节的教学方法。分层累加法是依据程序教学的原理、学生的身体素质和技能形成的基本规律，把技术动作分解为小的局部动作，在实施过程中严格有序地进行教学调控，逐渐形成完整动作。

分层要首先运用分解法，把技术动作分为几个层次，先掌握动作要领，逐渐过渡到动作的用力方法，体会完成动作的感觉。累加就是把动作要点按顺序排列并提出要求，突出重点，逐步积累，直到掌握完整的动作。根据动作特点，恰当地运用分层累加教学法，也能取得较好的教学效果。

（五）肢体语言教学法

在蛙泳教学中，合理运用肢体语言对教学效果具有独特的作用。蛙泳教学在水中进行，由于学习环境的影响，水的干扰性很大，这些都会影响学生的听觉效果。学生在水中练习，教师大多时间是在岸上观察指导，在这种情况下，教师的肢体语言就成为一种简单明了、易于接受的教学手段。例如，蛙泳腿的翻脚动作，有的学生在水中练习时，动作不到位，教师可以用手势巧妙地表现出来，给予纠正指导。教师在蛙泳教学中科学、恰当、准确地运用肢体语言来辅助教学，会收到良好的教学效果。

四、蛙泳教学中纠正错误动作的方法

蛙泳教学中错误动作的纠正是教学的一个重要组成部分。首先要能够判断出错误动作，并把握改进错误动作的时机，还要掌握有效地纠正错误动作的方法。技术动作的形成要经历三个阶段：粗略掌握动作阶段——出现的错误较多；改进与提高阶段——一旦遇到新情况就会产生错误动作；巩固与完善阶段——动作完全熟练。因此，出现错误动作要及时纠正，如果纠正不及时，会导致错误动作成形，影响正确技术动作的掌握。

（一）错误动作产生的原因

1. 动作要领不明确

动作要领不明确是产生错误动作的主要原因。尤其是初学者，由于每个人的接受能力不同，有的人在水中不能有意识地控制自己的肢体，如果教师没有及时提醒，就容易形成错误的动作。要把动作要领的强化与陆上模仿练习紧密结合，再将陆上动作与水中动作交替进行练习，必要时主动降低动作难度。

2. 心理因素

蛙泳初学者，有的存在怕水心理，这就促使在练习过程中，把主要精力放在自身安全上，而忽视了技术动作的学习。针对这种现象，教师要根据实际情况指导学生多做熟悉水性的练习，并及时降低动作难度，以减少错误动作的产生。

3. 身体素质差

对于错误动作的产生，个别初学者是因为身体素质发展不均衡而导致的。这种现象不可能在短时间内解决，最好的办法是先学习另一种泳姿，等到水感和体能都有所提高以后，再学习蛙泳技术。

4. 教学方法运用不当

在蛙泳学习中，一些错误动作产生的原因是因为运用的教学方法不恰当。因此，在某一技术环节的学习过程中普遍存在错误技术时，教师应首先反思一下所运用的教学方法是否恰当。例如，在学习蛙泳手臂技术动作时，外划、下划、内划、伸臂，这几个技术环节分解练习时间过长，没有及时过渡到连贯动作的练习，就容易出现动作脱节不连贯的错误。

（二）纠正错误动作的方法

明确了错误动作产生的原因，就要采取有效方法及时纠正。

1. 分析对比

对动作要领不明确引起的错误，教师要耐心地讲解与示范，以加深初学者对动作要领的理解，使初学者明白错误动作应如何纠正，并分清是直接原因还是间接原因引起的。在明确动作要领的基础上，初学者要认真练习规范的技术动作。

2. 提高身体素质

因身体素质差产生的错误动作，用一般的方法纠正是难以见效的，重要的是加强身体素质练习，并有针对性地发展某项素质。例如，蛙泳腿不翻脚的错误动作，是因为踝关节的灵活性差，因此，可以多做翻脚、压腿的练习，提高踝关节的灵活性。

3. 改进教学方法

在蛙泳教学中，当初学者普遍存在错误动作时，教师要检讨自己的教学方法是否存在问题。应根据实际情况及时做出调整，合理运用教学方法和教学程序，放慢教学进度的同时降低动作难度，多进行强化巩固技术动作的练习（见下图 3.8）。

图 3.8 蛙泳正面姿势示意图

（三）纠正错误动作注意事项

1. 准确判断错误动作

蛙泳初学者产生错误动作时，教师应根据错误动作部位，选择合适的角度、位置去观察不同的动作。一般情况下，配合动作应从侧面观察，翻脚的动作从背面和侧面观察，手臂动作与划水路线应从正面观察。发现错误动作要及时纠正，准确指导。

2. 先纠正关键错误

由于各方面的原因，蛙泳初学者的错误动作有时候会同时出现多种，这种情况下要分清重点，先纠正重点错误，重点错误纠正了，可能同时带动其他错误也克服了。例如，蛙泳的配合动作不协调，游不远。遇到这种情况，应首先强化呼吸练习，然后再改进臂与腿的动作，配合动作协调顺畅了，游起来既省力，又能游较长的距离。

3. 区别对待，个别改进

初学者普遍存在的错误动作，应统一纠正强化练习。对于个别现象和错误，要个别纠正。同样的错误，在不同的人身上，产生的原因也不尽相同。在教学中要做到具体情况具体分析，因人而异，区别对待。让每个初学者都有能力和信心学习掌握正确技术。

第六节 教学文件

蛙泳教学需要制定的教学文件是根据教学管理者提出的教学任务而制定的，具体有教学大纲、教学进度和教案等。教师先根据教学任务制定教学大纲和教学进度，然后再根据教学进度制定教案。

一、教学大纲

教学大纲是根据教学任务、课时安排和教学要求制定的教学纲领性文件，是教师进行蛙泳教学的主要依据，主要有以下几个部分的内容：

（一）大纲说明（前言）

这一部分主要说明教学的性质、教学目标、教学任务、主要内容、学时安排等。

（二）教学内容与课时

课时的分配一般以表格的形式体现，根据教学计划的总课时数进行合理分配。

（三）考核内容与标准

为了检查教师的教学质量和学生的学习情况，教学大纲要制定考试标准、考试方法与考试内容。

二、措施

为了保证教学大纲的顺利实施所应注意的问题。

三、教学进度

教学进度是控制教学活动的依据。教学进度主要包括教学内容、教学时数、课次、每次课的讲授内容等。为蛙泳教学所编制的教学进度会因为所采用的教学方式不同而在教学内容的安排顺序和课时的比例上有所不同。

为方便学生的学习，根据初学者的具体情况，设计了蛙泳十二次课的教学进度，主要包括学习内容、学习课时、学习方法等。

（一）第一次课

1. 学习重点

水中行走、呼吸、漂浮与站立、滑行技术动作。

2. 练习内容

①水中行走。水中同伴手拉手向前行走；个人手臂划水向前走；向后退步走。

②呼吸练习。抬头吸气，把头放入水中吐气；连续的呼吸练习，直到基本掌握呼吸技术。

③漂浮与站立。在同伴的帮助下熟练掌握漂浮与站立技术动作。

④滑行。身体俯卧水中，保持直线姿势漂浮或滑行练习（可双脚蹬池壁或蹬池底滑行）。

（二）第二次课

1. 学习重点

呼吸、漂浮、滑行练习。初步学习蛙泳腿部技术动作。

2. 练习内容

①水中连续的呼吸练习，漂浮与站立技术练习。

②水中反复练习双脚蹬池壁滑行技术。

③蛙泳腿练习。陆上模仿蛙泳腿练习，池边蛙泳腿练习。

（三）第三次课

1. 学习重点

呼吸、滑行。完整蛙泳腿部动作练习。

2. 练习内容

①连续的水中呼吸练习。

②蹬池壁滑行技术练习。

③完整蛙泳腿部动作练习。陆上模仿蛙泳腿练习，池边蛙泳腿练习，水中扶打水板蛙泳腿练习。

（四）第四次课

1. 学习重点

呼吸、滑行。腿部动作练习。臂部动作练习。

2. 练习内容

①连续的水中呼吸练习。

②反复练习水中滑行技术。

③水中俯卧蛙泳腿练习，总量在 200 米左右。

④臂部动作练习。陆上模仿划臂练习，站立水中划臂练习，俯卧水中划臂练习。

（五）第五次课

1. 学习重点

划臂练习。臂与呼吸的配合练习。

2. 练习内容

①俯卧水中划臂练习。

②臂与呼吸的配合练习。陆上模仿练习，俯卧池边练习，站立水中划臂与呼吸的配合练习，俯卧水中划臂与呼吸的配合练习。

（六）第六次课

1. 学习重点

蛙泳臂与腿的动作配合练习。臂与呼吸动作配合练习。

2. 练习内容

①连续的水中呼吸练习。

②蛙泳腿部动作练习。

③蛙泳臂部动作练习。

④蛙泳臂与腿的动作配合练习。

⑤臂与呼吸动作配合练习。

（七）第七次课

1. 学习重点

蛙泳完整技术配合练习。

2. 练习方法

①陆上模仿蛙泳完整技术配合。

②水中练习臂与腿的技术配合动作练习。

③水中蛙泳完整技术配合练习。

（八）第八次课

1. 学习重点

巩固提高蛙泳完整技术配合练习。

2. 要求

注意观察教师的示范动作，特别是臂、腿与呼吸的配合节奏。练习过程中注意纠正错误技术，保证练习要有一定的运动量。

（九）第九次课至第十二次课

1. 学习重点

在继续巩固提高蛙泳完整技术配合动作的基础上，根据个人具体情况，强化练习薄弱技术环节；不断体会完整技术配合的动作节奏，逐渐提高蛙泳长距离游的能力。在保证一定运动量的基础上，不断体会动作顺序、动作节奏，明确下一步要努力的方向和目标。

2. 要求

学习时间为每天或隔一天一次课，每次课时 90 分钟。学生要准备好游泳时所需装备和器材，并提前熟悉游泳场馆的场地设施，对上课区域（深水或浅水）、开放时间、池水的温度与深度、游泳场馆的各项规定与要求等，要做到事先了解清楚。

四、教案

按照教学过程和人体生理机能活动变化的规律，各种类型的游泳课，可以划分为开始部分、准备部分、基本部分和结束部分，或者是准备部分、基本部分和结束部分。

（一）各部分的主要内容

1. 开始部分

①课堂常规（集合整队、师生问好、点名、报数）。

②宣布课的任务及练习要求。

③安排见习生。

2. 准备部分

①准备活动，原地徒手操。

②陆上模仿练习。

3. 基本部分（课的主要部分）

根据课的任务和教材内容，按顺序列出每一个练习手段的名称、动作要点、练习次数、时间。其中，动作要点及组织教法，要对教学重点、难点、易犯错误写清楚，教师的讲解、示范也要写进去。

4. 结束部分

教师及时总结本次课中学生的学习表现。运动量的安排要循序渐进，整理放松活动可以安排一些小型游戏，也可以区别对待，解决个别学生的技术问题。

①放松整理活动。

②小结及布置作业。

（二）教案的编写要求

1. 首先要熟悉使用教材，了解教学使用的场地情况以及学生的大体情况。

2. 课的任务要恰当、明确，任务一般不超过三个。

3. 教学组织要严密，教师示范、练习场地的使用要合理，尽量减少队伍的调动。

4. 教学方法科学得当，教学手段多样化，运动量适中。

5. 书写文字简练、清楚，也可以利用图形来表示。

第七节 考核标准

考核是掌握教学进度、评定教学质量的重要方法，也是进行程序教学的基本手段。制定教学进度的时候就要制定出每节课的考核指标。一般在每次课结束后，教师对学生的技术掌握情况有一个基本的评定，并写入小结。每一个教学单元，如熟悉水性、臂与腿的配合教学结束后可以做一次技术评定，以调动学生学习的积极性。同时也可指出每个人的不足之处，以便于提高。

蛙泳教学十二次课的考核评定，主要根据教学目标和要求，利用一些定量或定性的指标对学生的学习情况进行评定。每次课结束时，学生通过练习，基本能够达到以下标准：

第一次课

学会水中憋气、换气，能够掌握漂浮与站立技术。

第二次课

水中连续的呼吸、漂浮站立与滑行动作，掌握陆上模仿蛙泳腿动作和池边蛙泳腿动作。

第三次课

水中扶板连续蹬蛙泳腿 25 米。达到一定的运动量。

第四次课

水中扶板蛙泳腿练习，总量达到 300 米以上。掌握划臂陆上模仿动作、站立水中划臂动作。

第五次课

水中连续的俯卧划臂练习，总量在 300 米以上。掌握臂与呼吸的配合技术。

第六次课

掌握臂与腿的技术配合动作。不断纠正错误技术。

第七次课

能够配合练习蛙泳完整技术。

第八次课

蛙泳完整技术配合练习，总量 800 米以上。

第九次课至十二次课

蛙泳长距离游 1000—1200 米。不断纠正错误技术，体会蛙泳完整技术配合的动作节奏。

根据个人具体情况，从第十次课开始，逐渐增加运动量。

为保证每次课的教学效果，可采取以下措施：

1. 加强与学生的沟通与交流，对学习有困难的学生要布置课外作业，要求其利用课余时间对某一技术环节进行强化练习。

2. 严格上课考勤制度，缺课 3 次以上者，不能保证掌握蛙泳完整技术动作。

问题与思考

1. 为什么说蛙泳初学者都要先进行熟悉水性的练习？
2. 为什么说蛙泳教学的前提是“安全第一”？
3. 蛙泳教学一般按什么顺序进行？举例说明一下。
4. 蛙泳教学中的讲解有什么要求？
5. 蛙泳教学中产生错误动作的原因是什么？
6. 蛙泳教学中如何纠正错误动作？

课 | 外 | 阅 | 读

婴幼儿游泳

很早以前，就有人提出“婴儿出生 15 天后，就可以开始练习游泳”，也有人主张“婴儿在学会走路之前，就应先学会游泳”。20 世纪 80 年代，欧、美、日等国家的一些游泳俱乐部开始举办各种婴儿以及母婴教学的尝试。近些年来，许多发达国家都相继建立了婴儿游泳学校，而且规模越来越大，数量越来越多，教学质量也越来越高。美国纽约州克拉姆城的罗伯特夫妇创办了一个婴儿游泳基地，每年有 3000 多名出生仅三个月的婴儿参加游泳活动。目前，日本全国的 1500 个游泳俱乐部中的绝大部分都开设有婴幼儿游泳（见下图 3.9）。

图 3.9 婴幼儿游泳

1983 年，我国的上海市开办了全国第一个婴儿游泳训练班，前来学习的婴儿达 100 多名，其中许多婴儿出生仅有几个月大。之后，全国各地相继开办了类似的游泳班，婴儿参加游泳活动的人数越来越多，深受家长们的欢迎。现在，由婴儿进行游泳练习的尝试发展到母亲和婴儿同时进行游泳学习和游戏，从而使婴儿游泳这种单纯的生理健身活动发展为一种集生理的、心理的、社会的三维健康活动。

在重视孩子早期全面教育的现代社会，为促进婴幼儿的生长发育及以发展智力、增进健康，在婴幼儿时期进行游泳活动有着非常特殊的意义。婴儿生下来就具有高级的感觉能力，对动作的理解和模仿是这些能力的具体表现。有研究证明，不会说话的婴儿能理解抽象的概念，并能分辨不同物体，婴儿还不会说话或不懂语言时，就能够思考了。另外，婴儿出生后处在一个快速的生长发育期，需要内脏各器官和运动器官全面、平衡、协调地发展。科学家的实验表明：参加游泳锻炼的婴幼儿，对光、声的选择反应所表现的快速、准确、灵活性大大高于不参加游泳锻炼的婴幼儿。因此，婴幼儿参加游泳锻炼对提高身体素质，促进生长发育具有积极的作用。

第四章　蛙泳技术学习要领

蛙泳是模仿青蛙游泳动作的一种泳姿，具有很高的锻炼价值和实用价值。在蛙泳游进过程中，身体应保持俯卧姿势与水面平行，两臂和两腿的动作同时并对称地在同一水平面上向前游进。

第一节　身体姿势

人在水中运动所承受的阻力与陆上相比，要高出 800 多倍，发出的力只有 10% 是用来推进身体前进的，身体在水中占用的体积越大，前进的阻力就越大。因此蛙泳在游进中，身体必须保持较好的流线型身体姿势，以减少游进中的阻力，充分发挥手臂和腿的推进作用。

一次划臂和一次蹬腿结束后，身体保持一定的紧张度，两臂前伸掌心向下，两腿向后伸直并拢，头部夹在两臂之间，眼看池底，腹部与腿位于同一水平面，臀部接近水面，身体与水平面约成 5—10 度的夹角。做到这一点，要求胸部自然伸展，稍收腹，微蹋腰，两腿并拢，绷脚尖，两臂并拢尽量前伸，全身拉伸成一条直线（见下图 4.1）。

图 4.1 蛙泳身体姿势示意图

蛙泳在游进时，身体会按一定的节奏上下起伏。肩部逐渐抬高，在划水和头部抬至最高点吸气时，肩和背部的一部分上升露出水面，这时身体与水平面的夹角增至最大。当两臂前伸、两腿向后蹬夹水时，随着低头的动作，肩部又没入水中，身体又恢复比较平直的流线型姿势向前滑行（见下图 4.2）。

初学者学习蛙泳，不宜过分追求在划水和吸气时拉高上体的动作。因为抬头过高或过分挺胸，会造成下肢下沉，迎角增大，使身体在前进方向的投影截面增大，从而使游进时的阻力增大（见下图 4.3）。

图 4.2 蛙泳换气姿势示意图(一)

图 4.3 蛙泳换气姿势示意图(二)

由于个人技术特点的不同，世界水平蛙泳运动员游泳时，身体姿势和位置也不大一样。

第二节 腿部技术

蛙泳的腿部动作非常重要，不仅起到保持身体平衡的作用，还是推动身体前进的主要动力之一。尽管现代蛙泳技术强调以臂为主，但对于初学者来说更要重视腿部技术的学习。蛙泳腿部动作分为收腿、翻脚、蹬夹水和滑行四个阶段。各阶段的动作是紧密相连的。

一、收腿

收腿是翻脚和蹬夹水的准备动作，是从身体伸直成流线型向前滑行的姿势开始的。收腿动作不但不产生推进力，还会给身体带来阻力。因此，要尽量减小收腿时的阻力（见下图 4.4）。

收腿时，腿部肌肉自然放松，两腿略微下沉，一边向前收，一边弯曲两膝并逐渐分开，小腿和脚跟在大腿后面向前运动，双脚稍向内旋，脚底基本朝上，踝关节放松，脚跟向臀部靠拢，两腿边收边分开。小腿和脚要跟在大腿及臀部的后面，落在大腿的投影截面内。需要注意的是，收腿动作要柔和，

图 4.4　蛙泳收腿姿势（组合）示意图

不要太用力，大腿不能向前拉，保持腰部微弯可减小阻力。收腿结束时，大腿与躯干成 120—140 度角，两膝内侧与髋关节约同宽；大小腿收紧，脚后跟靠近臀部，小腿几乎与水面垂直。

在现代蛙泳中，许多运动员在收腿时大腿的动作幅度变小，收腿结束时大腿与躯干的夹角增大到 150 度，小腿更加靠近臀部。其技术特点是收腿的动作较快，有利于加快动作频率，提高速度，同时有利于减小收腿时水的阻力。

二、翻脚

翻脚实际上是收腿的结束动作和蹬夹水的开始动作，目的在于使两腿在蹬夹水时有一个良好的对水面。在蛙泳腿部技术中，脚的外翻动作是否充分，直接影响到蹬水的效果。实际上，翻脚不是一个单独的动作阶段，在收腿接近完成时就开始翻脚，收腿与翻脚是一个紧紧相连的动作过程（见下图 4.5）。

当收腿至脚跟接近臀部时，膝关节稍内扣，小腿向外旋，两脚背屈，使脚掌勾紧向外翻开，同时脚尖转向两侧，使脚和小腿内侧对准蹬水方向，为

图 4.5 蛙泳腿部技术——翻脚示意图

蹬夹水的动作做好准备。

三、蹬夹水

蹬夹水的动作是蹬水与夹水的结合，在翻脚即将结束时就已经开始了。由腰腹和大腿同时发力，带动小腿，依次伸展髋关节、膝关节和踝关节。两腿的动作是，边后蹬边内夹，当两腿蹬直时两膝也已伸直并拢，既不是完全向后蹬，也不是向外蹬直了再内夹并拢腿。两脚的动作随即转为向后、向内运动并稍微下压，直到两腿蹬直并拢，完成弧形的鞭状蹬夹水动作（见下图 4.6）。

蹬夹水开始时，主要是大腿向后运动，膝关节不宜过早伸展，以使小腿尽量保持垂直对水的有利姿势，避免小腿出现向下打水的错误。蹬夹水的过程中，蹬水时两脚要保持勾脚外翻动作，蹬夹水快要结束时，脚掌转为内旋伸直。

图 4.6 腿部技术——蹬夹水示意图

在蛙泳腿部技术中，蹬夹水的动作能够产生较大的推进力，这主要取决于蹬夹时腿的运动方向、对水面的大小及运动速度。

四、滑行

蹬夹水结束后，两脚处于较低的位置，距离水面约为 0.3—0.4 米。此时应先迅速将腿和脚升高到与水面平行的位置，以减小滑行时的阻力。滑行过程中两腿的动作是伸直并拢绷脚尖，腰、腹、臀及腿部肌肉和踝关节自然放松，使身体形成较好的流线型，为下一个动作周期做好准备。滑行距离的长短，与蛙泳的动作频率有关（见下图 4.7）。

滑行对于蛙泳初学者是十分重要的，因为滑行动作能使身体有一个短暂的休息，能节省体力，增加游进的距离，还有利于掌握正确的动作节奏。

图 4.7 蛙泳滑行示意图

第三节 臂部技术

蛙泳的手臂动作在划水过程中能形成较大的对水面，因而能产生较大的推进力。现代蛙泳技术更加重视发挥手臂划水的作用。掌握合理的手臂划水技术，在蛙泳完整动作配合中，更能有效地提高游进速度。为了便于技术分析，根据划水过程中用力方向的变化，将臂部动作分为开始姿势、外划、下划、内划、伸臂五个动作阶段。

图 4.8　蛙泳手臂姿势（开始）示意图

图 4.9　蛙泳手臂姿势（外划）示意图

一、开始姿势

准备划水时，两臂前伸，掌心向下，与水平面平行，身体充分伸展保持流线型姿势（见上图 4.8）。

二、外划

外划时身体重心前移，两臂内旋，两手掌转向外斜下方并稍屈手腕，两手臂向外划水至两手间距离约为 45 度角。此时手掌和前臂感到有水的压力。两臂外划的主要作用是给下划创造有利条件，并使身体上浮。外划的速度，根据个人技术，水平较高者外划动作快，反之则慢（见上图 4.9）。

三、下划

手臂在继续外划的同时，小臂稍外旋，肘关节开始弯曲同时稍屈腕，掌心转为朝向后下方，以肘关节为轴，小臂和手加速向下、向后划动。在下划接近结束时，肘关节的位置要明显高于小臂和手的位置，小臂和手几乎垂直于游进方向，手的位置在肩的前下方。下划的速度应由慢到快，至手臂内划时应达到最快（见下图 4.10）。

图 4.10 蛙泳手臂姿势（下划）示意图

图 4.11 蛙泳手臂姿势（内划）示意图

四、内划

随着下划的结束，手臂向外旋转，手掌迅速转向内后方，手臂由外向内、向上、向前运动，屈肘程度进一步加大。肘关节也同时向下、向后、向内收夹至胸部侧下方。内划的动作结束时，两手位于头的正前下方，两手掌斜相对，肘的位置低于手，肘关节弯曲成锐角（见上图 4.11）。

内划是手臂划水产生最大推进力的阶段，应尽量延长手的内划路线。

五、伸臂

手臂内划结束时，双手的位置在头的正前下方接近靠拢，并继续向上、向前运动，借助两肘向内夹的动作前伸手臂。伸臂动作是通过向前伸肩、伸肘，推动两手贴近水面向前伸出。伸臂过程中，掌心逐渐转为向下，手指指向前方。伸臂动作结束时，两臂伸直并拢，掌心向下，身体成流线型向前滑行。伸臂动作一般在水下或接近水面完成（见下图 4.12）。

现代蛙泳运动员为提高游进速度，节省时间，都加快了手臂前伸的速度，整个伸臂动作手指领先，快速前伸，对身体的前进起牵拉作用。初学者更应注意，手臂在内划结束转为前伸时，动作不能停顿（见下图 4.13）。手

图 4.12 蛙泳手臂姿势（伸臂）示意图

图 4.13 蛙泳伸臂姿势示意图

臂划水的整个动作要连贯圆滑，由慢到快，并加速进行。尤其应注意在内划结束转为前伸时，手臂不能停顿。在一次完整的蛙泳臂部动作中，两手的运动路线是一个“倒心型”。

第四节 臂与呼吸的配合技术

蛙泳的呼吸是手臂划水一次吸气一次，分为“早呼吸”和“晚呼吸”两种类型。

图 4.14 蛙泳早呼吸配合技术示意图

一、早呼吸配合技术

两臂开始外划时，头向上抬，下颌前伸，使口露出水面将气吐完，并迅速做深吸气动作；两臂前伸时低头闭气；滑行时在水中吐气。这种呼吸方式头比较容易抬出水面，动作从容，利于掌握。初学者一般适合学习早呼吸技术（见上图 4.14）。

二、晚呼吸配合技术

图 4.15 蛙泳晚呼吸配合技术示意图

晚呼吸配合技术的吸气时间较短，不需要刻意向上抬头。在两臂外划和下划时，身体保持平直的流线型姿势；在两臂内划的过程中，随着肩和躯干向前上方升起，头自然地露出水面吐气，并快速吸气；两臂前伸时低头闭气；在水中滑行时吐气。这种呼吸技术能更好地发挥手臂划水的力量，不会破坏身体前进的流线型姿势，减小了阻力，动作紧凑连贯，前进速度均匀。蛙泳水平较高者一般采用晚呼吸配合技术，初学者不容易掌握晚呼吸技术（见上图 4.15）。

第五节 完整配合技术

蛙泳完整配合技术最为复杂，是学习的一个难点。配合不协调会直接影响臂与腿的动作效果和游进速度的均匀性。

首先要掌握臂与腿的配合技术。臂与腿的配合在每一个动作阶段都产生推进力，是一种交替进行、稍有重叠的配合技术。两臂外划和下划时，两腿自然伸直并拢；两臂内划时，开始收腿屈膝；两臂开始前伸时，迅速完成收腿和翻脚的动作；两臂接近伸直时，快速做两腿蹬夹水的动作；蹬夹水结束后，身体成流线型姿势平直向前滑行（见下图 4.16）。

蛙泳臂、腿、呼吸的配合技术通常采用 1 ∶ 1 ∶ 1 配合，即划水一次，蹬腿一次，吸气一次。动作顺序是，分手外划时，抬头吸气，然后收腿，伸臂时呼气；两臂向前将要伸直时，两腿蹬夹水；两腿蹬夹水结束时身体成流线型姿势向前滑行。

图 4.16 蛙泳臂与腿的配合技术（组合）示意图（一）

图 4.16　蛙泳臂与腿的配合技术（组合）示意图（二）

蛙泳初学者，为了掌握正确的动作节奏，应重视每一次完整配合技术后的滑行练习（见下图 4.17）。

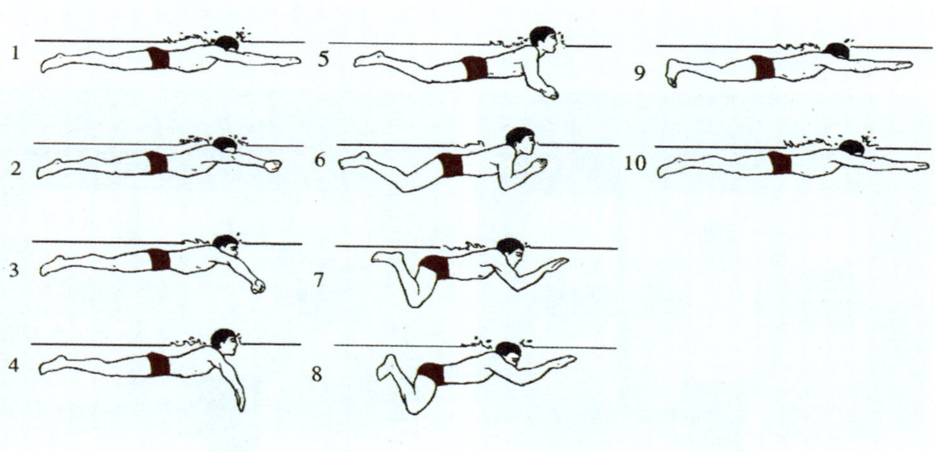

图 4.17　蛙泳完整配合技术示意图

第六节 出发技术

蛙泳比赛是在出发台上出发。在竞技游泳比赛中，出发技术的好坏是决定比赛成绩的关键环节。

下面主要介绍广泛使用的抓台式出发技术。抓台式出发技术主要包括预备姿势、起跳、腾空和入水、滑行和开始游泳四个阶段。抓台式出发技术的特点是，动作简单易学，起跳稳定，不易犯规，入水早，滑行速度慢，出水快。是目前运用较为广泛的一种出发技术。

一、预备姿势

图 4.18 出发的预备姿势示意图

站在出发台上，两脚左右或前后稍开立，脚趾扣住出发台前沿；上体前倾，臀部抬高，胸部贴近大腿，膝关节弯曲，重心下降；两臂放松，两手抓住出发台前沿；眼睛看前下方；身体保持适度紧张，集中注意力听出发信号（见上图 4.18）。

预备姿势时两脚分开，可使蹬台动作所产生的反作用力垂直作用于髋关节，有效地推动身体蹬离台面。注意臀部位置要高，头的位置要低，两膝弯曲的程度因人而异。

二、起跳

听到出发信号时，两臂屈肘向上提拉，身体重心迅速前移，膝关节加大弯曲度，有即将落入水中的感觉；紧接着两手松开，稍微抬头，手臂前摆，两腿用力蹬伸，身体迅速展开。在蹬离台面时，髋、膝、踝三个关节完全伸展，蹬出的方向是前下方（见下图 4.19）。

图 4.19　起跳（组合）示意图

三、腾空和入水

两脚蹬离出发台后，身体伸展，两腿并拢，两臂摆至向前下方伸直，头部稍低并夹在两臂中间；身体保持一定的紧张度，向正前方成流线型飞出；

图 4.20 腾空和入水（组合）示意图

通过最高点时，由头高于脚的姿势转为头低于脚的姿势；接着，身体按手、臂、头、躯干、腿的顺序插入水中（向标枪插落地一样入水）。

蛙泳出发时的入水角度应稍大一些，入水应深一些。因为比赛规则规定，蛙泳出发后可在水下做一次长划臂和一次蹬蛙泳腿的动作，滑行距离较长（见上图 4.20）。

四、滑行和开始游进

入水后，身体成流线型姿势并保持一定的紧张度，利用起跳所获得的惯性在水中向前滑行，注意用手臂和抬头来改变滑行的深度与方向，以接近水面；当感觉滑行速度下降至接近正常游速时，即开始做蛙泳的游泳动作，在水下做一次长划臂和蹬一次蛙泳腿；在第二次划臂至最宽点两手开始向内划水前，头露出水面，进行正常的途中游（见下图 4.21）。

图 4.21 滑行示意图

第七节 转身技术

蛙泳比赛规则规定，在转身时，两手要分开，同时并在同一水平面触壁；手触壁前身体必须保持俯卧；转身后，从第一次手臂动作开始，身体应恢复俯卧姿势；两脚蹬离池壁后，可在第一次蛙泳腿动作之前，做一次蝶泳腿。蛙泳采用的是摆动式转身技术。

图 4.22 蛙泳转身技术——触壁示意图

一、触壁

游近池壁时，不能减速，要保持途中游的速度，并根据身体与池壁的距离，把动作及时调整为最后一次动作以蹬腿结束为最佳，这样双手正好前伸触壁；触壁时双手应同时并在同一水平面，两手之间的距离约为10—15厘米，手指朝上（见上图 4.22）。

二、转身

以向左转身为例，两手触壁后，随着游进的惯性身体继续接近池壁，两臂屈肘，同时屈髋向前收腿，身体绕横轴转动，使头露出水面并张口吸气；接着左臂屈肘，同时身体绕纵轴向左转；转为身体侧对池壁时，右手推离池壁，

图 4.23　蛙泳转身技术——转身（组合）示意图

右臂在空中经头上，与头和肩同时甩向转身后的游进方向，这时两脚向池壁贴靠；完成转身动作后，两脚右上左下斜蹬水面下约 40 厘米处的池壁，两腿弯曲，身体侧卧，上体伸直，两臂微屈，双手夹头，准备蹬壁（见上图 4.23）。

三、蹬壁

转身后两脚用力蹬池壁，身体从水面下成流线型向前滑行，并在滑行过程中转为俯卧姿势（见下图 4.24）。

四、滑行和开始游进

滑行时两臂、两腿伸直并拢，绷脚尖，身体保持一定的紧张度。当滑行

图 4.24 蛙泳转身技术——蹬壁（组合）示意图（二）

速度开始下降，接近游泳速度时，两臂同时做一次长划臂动作，在做长划臂

图 4.25 蛙泳转身完成后开始滑行和游进示意图

的过程中，头稍抬，使身体向前上方水面滑行；当滑行速度再次接近正常游速时，开始收手，并同时收腿；两臂在将要伸直时，两腿蹬夹水，待头露出水面后转入途中游（见上图 4.25）。

问题与思考

1. 蛙泳对身体姿势有什么要求？
2. 蛙泳大腿收得过多，对游进的速度有影响吗？
3. 蛙泳正确的手臂动作是什么？
4. 什么是蛙泳的晚呼吸技术？
5. 游蛙泳时臂与腿应该怎样配合？
6. 蛙泳游进过程中为什么要强调滑行？
7. 出发台出发的动作要点是什么？
8. 蛙泳转身技术的动作要点是什么？

课外阅读

名人与游泳

图 4.26 北戴河

中国改革开放的“总设计师”，邓小平同志不仅重视我国体育事业的发展，而且他还是一名体育爱好者，非常喜欢游泳。不论是在四川老家读书时，还是到后来在国外勤工俭学、革命战争年代、和平建设时期，甚至在十年动乱的艰难岁月，他都一直坚持冷水浴和游泳。20 世纪 50 年代，邓小平几乎每年夏天都同毛主席等中央领导同志一起去北戴河（见上图 4.26），工作之余也常到海滨游泳场游泳。在大海里游泳，是他最惬意的事情。

1983 年 6 月和 9 月，他两次到大连视察陆海空三军，其间，坚持天天游泳。9 月末的北方大连，海水冰凉，他健步来到棒棰岛海水浴场，做了 5 分钟的准备活动后，便跃入清澈刺骨的大海。

俗话说，海上无风三尺浪，邓小平冒着微微寒风和冰凉刺骨的海水，在蓝色大海里畅游，“不管风吹浪打，胜似闲庭信步”，不时变换着泳姿尽情畅游，一会儿自由泳，一会儿蛙泳，一会儿又仰泳，体力强健，精力充沛。1992 年，已经 88 岁的邓小平同志，更是在北戴河游泳，历时接近 1 个小时。

第五章　蛙泳技术练习方法

游蛙泳时，臂与腿是紧密相连、协调配合的，因而身体也较容易水平地俯卧于水中。但如果臂与腿的配合不协调，身体失去平衡，下肢就容易下沉。因此，要充分发挥臂与腿的推进作用，使身体保持较好的流线型姿势。

第一节　熟悉水性练习方法

熟悉水性对于蛙泳初学者来说是一个重要的阶段，也是蛙泳教学的重要环节，一般情况下都是在浅水区进行教学。这一阶段的学习，主要是让初学者体会水的浮力、压力、阻力等特性，消除怕水心理，逐步适应水的环境，掌握水中活动的一些基本技能，为进一步学习蛙泳技术打下良好的基础。

一、入　水

（一）基本要求

掌握个人独立进入游泳池的方法。

（二）练习方法

1. 手扶扶梯入水

背对游泳池，双手扶扶梯一次一步缓慢入水。

2. 池边入水

坐在泳池边，身体转动 180 度成俯卧姿势，双手撑住池边，身体下滑直到双脚碰到池底。

二、上　岸

（一）基本要求

掌握安全离开游泳池的方法。

（二）练习方法

1. 扶梯上岸

双手扶住扶梯，一步一梯上岸。

2. 池边上岸

双手用力撑住池边，同时单脚跨上池沿，爬到岸上。

三、水中行走

水中行走是熟悉水性练习的第一步，目的是使蛙泳初学者初步体会并适应水环境中的浮力和阻力，初步掌握身体在水中站立和行走时维持身体平衡的方法，逐步消除怕水心理。

（一）基本要求

水中行走一般在齐胸深的水中进行。向前行走时，上体稍微向前倾斜，高抬大腿，小腿和脚提起后向前伸出，脚落地站稳后再迈另一条腿。两臂由前向侧向后划水保持身体平衡。刚开始行走时迈步不要太大，行走不要太快，身体重心的移动与两腿的动作尽量协调一致。

（二）练习方法

1. 在泳池中，侧对池壁，手扶池边，向前、向后迈步行走，或手扶泳道线，向前、向后迈步行走。

2. 集体站成一排手拉手，向前、向后迈步行走。

3. 个人独立行走。双手在水中由前向侧、向后划水行走，或双手由后向侧、向前划水后退行走（见下图 5.1）。

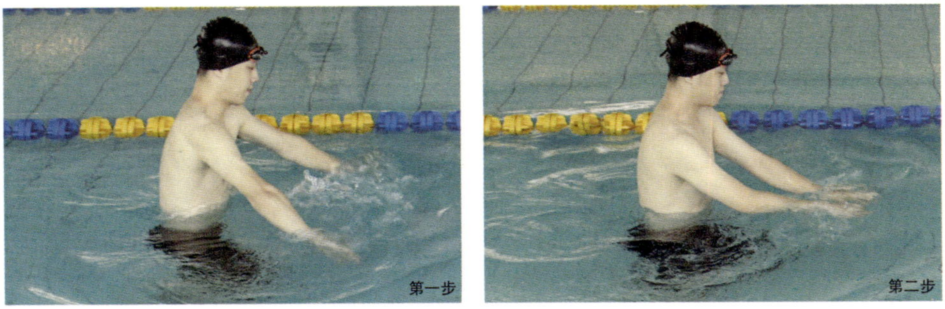

图 5.1　蛙泳熟悉水性方法——水中行走（综合）示意图

4. 徒手跳跃。水中站立，两臂平放水中向下压水，脚蹬池底，向上跳起，不断重复练习。

5. 在水中进行各个方向行走、跑步、跳跃，单独进行练习。

6. 在水中进行各种游戏的练习或比赛。

四、呼 吸

呼吸是熟悉水性阶段的学习重点，目的是初步掌握蛙泳的呼吸方法、呼吸过程、呼吸节奏，适应头浸入水中的感觉，逐步消除怕水心理。

（一）基本要求

蛙泳的呼吸动作是由吸气、闭气、呼气组成的。人们平时用鼻子呼吸，是无意识的。而游蛙泳时水中呼吸则不同，要用口在水面上吸气，然后头部浸入水中稍闭气，用口和鼻在水中慢慢呼气。呼气要尽，吸气要深，呼与吸之间不能停顿。总的来说，水中的呼吸要按照“快吸—稍闭—慢呼—猛吐”的节奏进行。

呼吸是蛙泳学习的重点，在每次课的开始部分，要进行反复练习，直到熟练掌握呼吸技术和换气动作节奏为止。

（二）练习方法

1. 陆上模仿

陆上原地站立，身体直立，两手下垂，全身放松；张大嘴快吸气；然后稍闭气，全身下蹲慢慢呼气。重复练习 5—8 次。

2. 水面吹乒乓球

在水面上放置乒乓球。站立水中，屈膝弯腰；深吸气后，低头对准水面上的乒乓球连续吹。体会用力呼气的动作要领。

3. 水中呼吸

扶泳道线或同伴手拉手站立水中。深吸气后稍闭气，身体下蹲在水里，头部要完全浸入水中，用口、鼻慢慢呼气，直至把气呼尽；然后站立，在水面上用嘴吸气。重复练习，直到熟练掌握。

4. 连贯呼吸

站立在水中，上体稍前倾，两膝弯曲；在水面上吸气后，身体下蹲，把头浸入水中，稍停片刻后，用口、鼻慢慢地呼气，直到呼尽；然后站立并向上抬头，当嘴巴露出水面时接着用口吸气。重复练习，不断体会，快吸气—稍闭气—慢呼气—猛吐气的动作节奏。开始时可慢速进行，逐渐加快速度，做到连贯而有节奏。反复练习，直到完全掌握（见下图 5.2）。

图 5.2 蛙泳熟悉水性方法——水中呼吸（综合）示意图

五、漂浮与站立

通过漂浮与站立的学习，进一步熟悉水性。学会从漂浮状态到水中站立的方法，体会水的浮力，适应身体在水中的悬浮姿势，逐步掌握在水中控制身体平衡的能力。

图 5.3　蛙泳熟悉水性方法——抱膝浮体示意图

（一）基本要求

做漂浮之前先吸气，但不要吸得太满。俯卧水中时身体要伸展，两腿并拢两臂前伸，身体放松。刚做动作时由于重力作用身体会下沉，这时一定要憋住气，身体经过短暂的下沉后慢慢就会上升到水面上来。身体漂浮在水中要平、直、尖，不能屈髋、屈膝、缩肩。

在水中从俯卧姿势改为站立姿势时，要双手下压并同时屈膝收大腿、抬头，就可以站立起来了。漂浮与站立必须同时练习。

（二）练习方法

1. 抱膝浮体

原地站立水中，深吸气后低头，双脚蹬池底，低头屈膝抱腿团身，背部露出水面（见上图 5.3）。

2. 抱膝浮体后站立

原地站立水中，深吸气后，下蹲低头，抱膝团身，双脚蹬池底，身体自

图 5.4 蛙泳熟悉水性方法——抱膝浮体后站立（综合）示意图

然漂浮水中。站立时，两手松开双膝并前伸下压，抬头。同时两腿向下伸，身体由俯卧转为垂直，脚触池底站稳，两臂由前向侧向后划水站立（见上图 5.4）。

3. 双手扶泳道线漂浮

原地站立水中，双手扶泳道线，深吸气后，低头，两腿屈膝蹬地，展髋，上摆，把头夹在两臂之间，身体平直俯卧水中（见下图 5.5）。

4. 直体漂浮后站立

两脚左右开立站于水中，稍屈膝，上体前倾，两臂放松自然前伸。两脚蹬池底后，低头，展髋，两腿上摆伸直，身体成俯卧姿势漂浮于水面。站立

图 5.5 双手扶泳道线漂浮示意图

图 5.6 蛙泳熟悉水性方法——直体漂浮后站立（综合）示意图

时，收腹、屈膝、收腿，两臂由前向下、向后压水，抬头，同时两腿向下伸，脚触池底站稳（见上图 5.6）。

六、滑　行

滑行练习是熟悉水性阶段的学习重点，主要是让初学者体会和掌握游泳时身体的水平位置和流线型姿势，提高在水中控制身体的能力，为学习蛙泳技术打下基础。

（一）基本要求

在做滑行练习时，即要使身体滑得远，又要平稳。滑行中，要注意保持身体的流线型姿势，两臂、两腿伸直并拢，头夹在两臂中间，使身体伸展成一条直线，以减小前行阻力。

滑行时，要尽量延长闭气时间，可 2 人一组进行保护与帮助，做“扶、拉、推”的辅助工作，以增长滑行的距离。

（二）练习方法

1. 陆上模仿滑行姿势

背靠墙壁站立，双臂伸直上举，大臂贴耳朵，低头稍收下颌，两腿并拢，绷脚尖。背部和身体贴近墙壁，保持直立姿势站立 2—3 秒钟。

2. 蹬池底滑行

两脚前后开立站于水中，两臂前伸，深吸气后，两腿屈膝，上体前倾，头和肩浸入水中后，两脚用力蹬池底，随后两腿并拢伸直，使身体成流线型贴近水面向前滑行（见下图 5.7）。

图 5.7　蛙泳熟悉水性方法——滑行（综合）示意图

3. 扶打水板蹬池壁滑行

双手伸直扶打水板，一只脚蹬地，一只脚蹬池壁（浅水池）。吸气、低头、上体前倾并屈膝，当头和肩浸入水中时前脚掌用力蹬池壁，头夹在两臂之间，两腿并拢，使身体成流线型向前滑行（见下图 5.8）。

图 5.8 蛙泳熟悉水性方法——扶打水板蹬池壁滑行示意图

4. 徒手蹬池壁滑行

背对池壁站立水中，两臂前伸并拢，一脚后抬紧贴池壁，同时一脚站立。深吸气后闭气低头，上体在水中前倾，然后上收支撑腿，两脚贴在池壁上，臀部抬高并靠近池壁，头夹在两臂之间，两脚同时用力蹬池壁，使身体充分伸展成流线型，贴近水面向前滑行。

第二节 腿部动作练习方法

蛙泳的腿部动作是整个技术的基础。熟练掌握腿部技术动作，不仅可以产生较大的推进力，而且还能促进身体保持平直的水平姿势，也有利于后面的呼吸动作顺利完成。

一、陆上模仿练习

（一）基本要求

在陆上模仿蛙泳腿练习，做收腿、翻脚、蹬夹水、滑行四个环节的动作，要做到动作准确。注意动作的节奏和连贯性，收腿要慢，然后是由慢到快的蹬夹水，最后是两腿并拢伸直后稍停一会儿。

（二）练习方法

1. 勾、绷脚练习

坐在垫上，双腿伸直，做勾脚和绷脚的练习。勾脚时要脚尖朝上，绷脚时脚尖要指向前方（见下图 5.9）。

图 5.9 蛙泳腿部动作——勾、绷脚示意图

2. 翻脚练习

坐在垫上，双腿伸直，勾脚。双脚由里到外旋转，动作幅度尽量大。结

图 5.10　蛙泳腿部动作——翻脚示意图

束时是绷脚，两只脚的大脚趾碰在一起（见上图 5.10）。

图 5.11　蛙泳腿部动作练习方法——坐撑蛙泳腿（综合）示意图

3. 坐撑蛙泳腿练习

坐在垫上，两腿伸直，两手在体后撑地，上体后仰，模仿蛙泳腿的收腿、翻脚、蹬夹、停动作。注意翻脚的动作要做到位，先分解后连贯（见上图 5.11）。

4. 站立蛙泳腿模仿

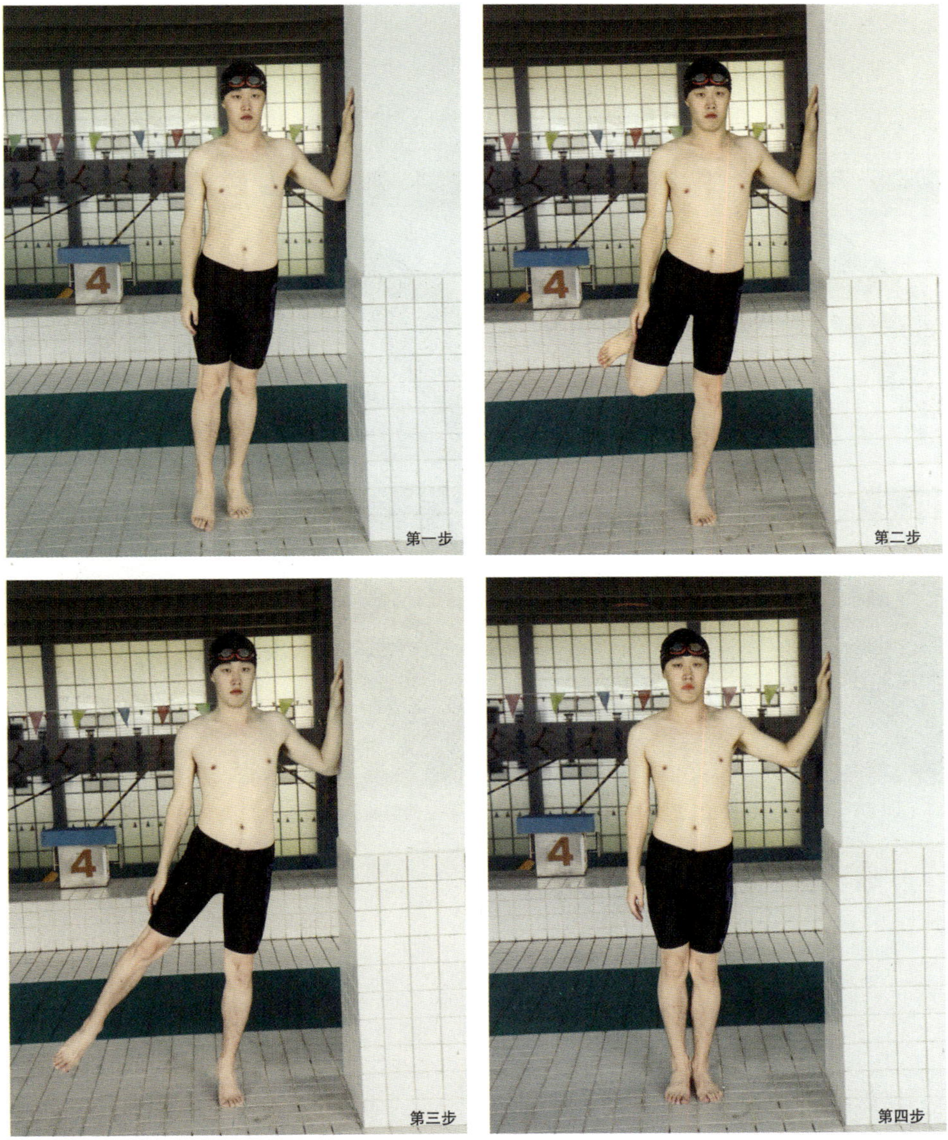

图 5.12 蛙泳腿部动作练习方法——站立蛙泳腿模仿（综合）示意图

陆上站立，一只手扶墙，一条腿支撑；另一条腿模仿蛙泳腿的收腿、翻脚、蹬夹、停的动作。注意模仿蹬夹动作时，要保持小腿和脚的内侧面朝下，向另一条腿站立的地面处下压，体会动作的连贯性（见上图 5.12）。

5. 俯卧蛙泳腿练习

俯卧在出发台上，模仿蛙泳腿的收腿、翻脚、蹬夹、停的动作。注意体会收腿路线、翻脚的动作和蹬夹水的路线（见下图 5.13）。

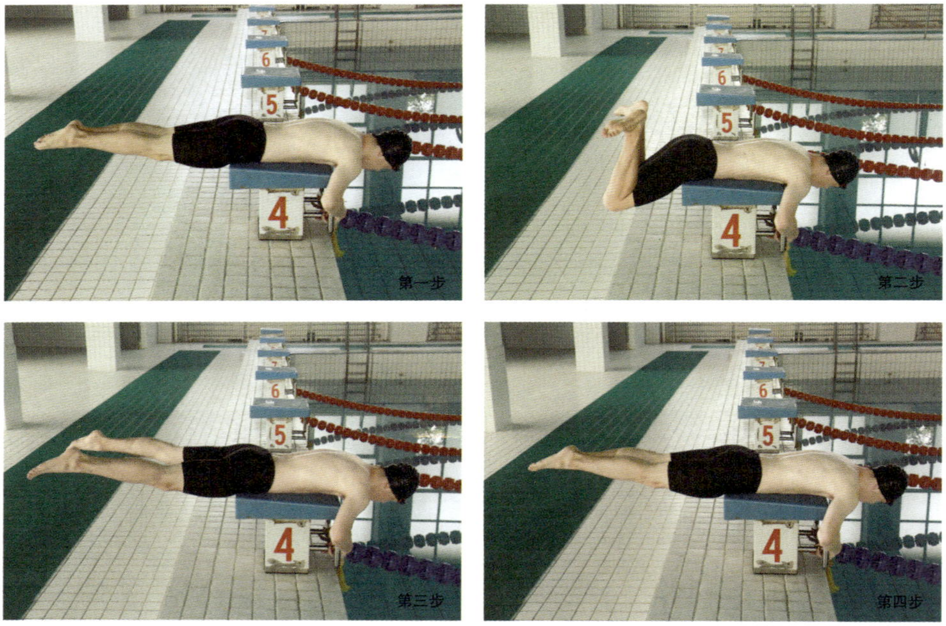

图 5.13　蛙泳腿部动作练习方法——俯卧蛙泳腿（综合）示意图

二、水中练习

（一）基本要求

蛙泳腿在水中练习时，要做到慢收腿快蹬夹，蹬夹水的速度要逐渐加快，两腿伸直并拢后，要漂一会，然后再做下一次蛙泳腿。在掌握了蛙泳腿的技术动作后，需要不断的反复练习，技术水平才能提高。

蛙泳腿的顺口溜：边收边分慢收腿，向外翻脚对准水，用力向后蹬夹水，并拢伸直漂一会儿。

（二）练习方法

1. 水中站立蛙泳腿

站立水中手扶池壁或泳道线，一腿支撑，另一腿做蛙泳腿的收腿、翻脚、蹬夹、停的动作。蹬夹时大腿内旋，膝关节内扣，大腿先下压，带动小腿和脚向下弧形蹬夹水（见下图 5.14）。

图 5.14 蛙泳腿部动作练习方法——水中站立蛙泳腿（综合）示意图

2. 扶泳道线蛙泳腿

身体俯卧水中，两臂伸直低头，双手抓泳道线。做蛙泳腿的收腿、翻脚、蹬夹、停的动作。可由教师或同伴站在后面抓住练习着的双脚，帮助纠正动作（见下图 5.15）。

图 5.15 蛙泳腿部动作练习方法——扶泳道线蛙泳腿（综合）示意图

3. 扶打水板蛙泳腿

两臂伸直，双手扶打水板，肩膀放松，俯卧水中做蛙泳腿的收腿、翻脚、蹬夹、停的动作（见下图 5.16）。

图 5.16　扶打水板蛙泳腿

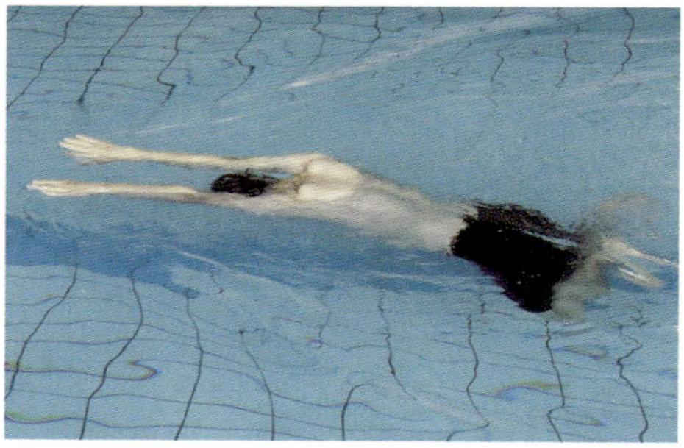

图 5.17　漂浮滑行蛙泳腿

4. 漂浮滑行蛙泳腿

蹬池壁或池底滑行后，继续低头闭气，做蛙泳腿的动作，体会连贯的收腿、翻脚、蹬夹、滑行的动作。练习时重点体会蹬夹后的滑行（见上图 5.17）。

第三节　臂部动作练习方法

蛙泳手臂技术的学习，初学者必须掌握好技术环节和正确的划水路线，并通过练习逐渐形成连贯圆滑、加速划水的动作节奏。

一、陆上练习

（一）基本要求

明确蛙泳臂部技术的动作环节，其包括外划、下划、内划、伸臂四个技术环节。初学者两臂外划的动作宜小不宜大，两臂内划时，两手在头下时距离最近。

（二）练习方法

站立模仿划臂

陆上原地站立，两脚左右开立，上体前倾，两臂向前伸直，掌心朝下，模仿手臂的外划、下划、内划、伸臂动作。体会屈臂高肘技术和手臂划水路线（见下图 5.18）。

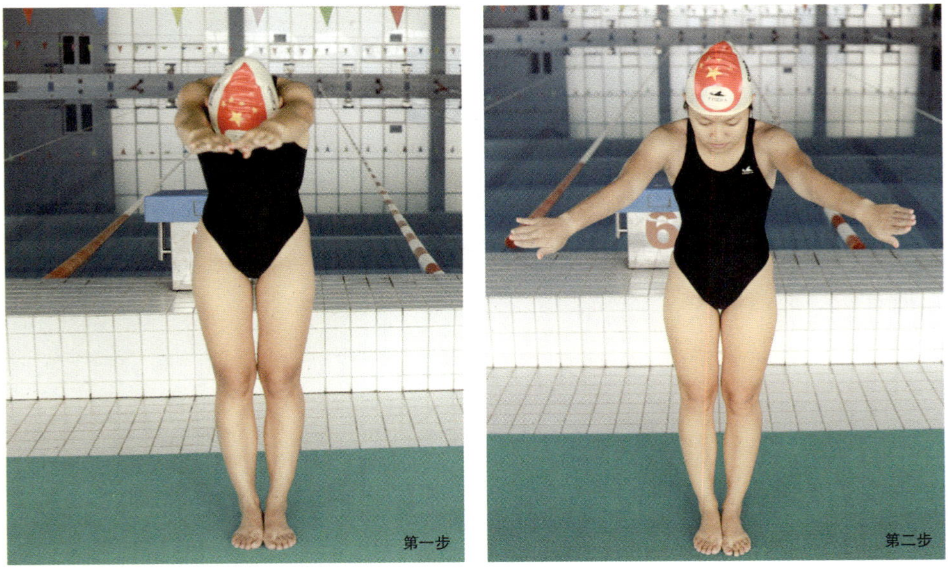

图 5.18　蛙泳臂部动作——陆上站立模仿划臂（综合）示意图（一）

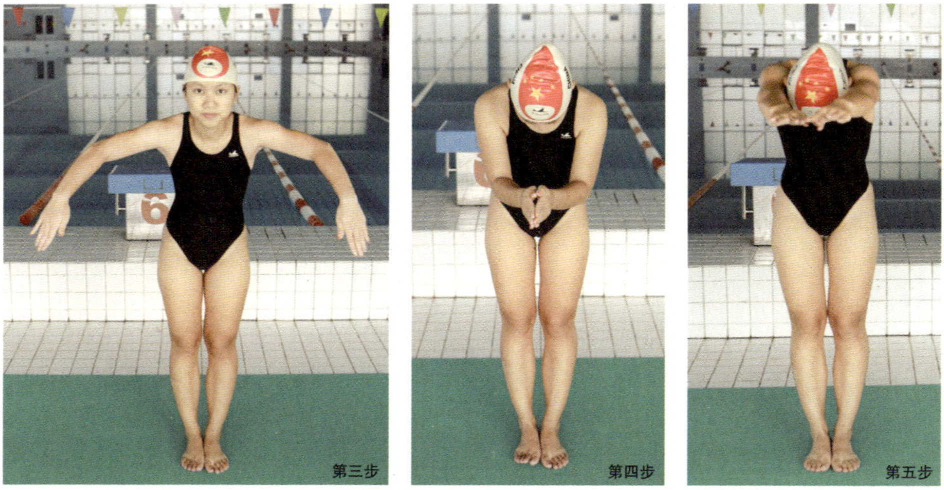

图 5.18　蛙泳臂部动作——陆上站立模仿划臂（综合）示意图（二）

二、水中练习

（一）基本要求

蛙泳臂部动作水中练习时，注意体会手掌、小臂对水的感觉。两臂内划动作，先是肩、肘在水面，小臂和手掌在水下，然后夹肘、抱水双手前伸，两臂伸直后向前滑行。

蛙泳手臂技术口诀：向外向下再向内，屈臂高肘加速划，两手颌下转向前，伸直并拢漂一会儿。

（二）练习方法

1. 水中原地划臂

两脚左右开立站在齐胸深的水中，上体稍前倾，做蛙泳手臂外划、下划、内划、伸臂动作。注意动作连贯，两臂前伸并拢后稍停一会儿（见下图 5.19）。

图 5.19 蛙泳臂部动作——水中原地划臂（综合）示意图

2. 水中走动划臂

两脚前后开立，站于齐胸深的水中，上体前倾，两臂前伸，掌心朝下，做手臂划水动作。借助划水所产生的反作用力，推动身体向前行进。

3. 两腿夹打水板划臂

身体俯卧水中，两臂前伸，掌心朝下，两腿夹住打水板，做蛙泳手臂的划水动作向前游进（见下图 5.20）。

图 5.20 蛙泳臂部动作——两腿夹打水板划臂（综合）示意图（一）

图 5.20 蛙泳臂部动作——两腿夹打水板划臂（综合）示意图（二）

4. 俯卧划臂练习

身体俯卧水中，两臂前伸，掌心朝下，两腿并拢，做蛙泳手臂动作（见下图 5.21）。

图 5.21 蛙泳臂部动作——俯卧划臂练习（综合）示意图

第四节 臂与呼吸的配合动作练习方法

蛙泳的手臂与呼吸动作是紧密配合的，主要分为“早呼吸”与“晚呼吸”两种类型。初学者宜学习“早呼吸”配合技术，明确手臂与呼吸的配合时机，以利于技术动作的掌握。

一、陆上模仿练习

（一）基本要求

陆上模仿臂与呼吸的配合动作时，注意两臂外划时抬头吸气，内划收手时低头闭气，两臂前伸时吐气。

（二）练习方法

原地站立蛙泳手臂加呼吸

两脚左右开立，上体前倾，两臂向前伸直，掌心朝下，模仿蛙泳手臂加呼吸的练习。

二、水中练习

（一）基本要求

蛙泳手臂与呼吸的配合动作练习，可做多次划臂一次呼吸，然后逐渐过渡到一次划臂一次呼吸的配合。练习的顺序要从陆上过渡到水中，反复练习，以达到熟练掌握的程度。

蛙泳手臂与呼吸配合的口诀是：两臂外划，抬头吸气，两臂内划，低头闭气，两臂前伸，慢吐气。

（二）练习方法

1. 水中走动做手臂加呼吸

站立齐腰深的水中，两脚左右开立，上体前倾，两臂向前伸直，掌心朝下，做手臂加呼吸的配合练习。

2. 蹬池壁滑行做手臂加呼吸

两脚蹬池壁后，身体俯卧水中成流线型姿势向前滑行，借助滑行的速度，做手臂加呼吸的配合练习。

3. 腿夹浮板做手臂加呼吸

身体俯卧水中，两臂前伸，掌心朝下，两腿夹住浮板，做手臂加呼吸的配合练习（见下图 5.22）。

图 5.22　蛙泳腿夹浮板做手臂加呼吸

图 5.23　蛙泳俯卧水中做手臂加呼吸

4. 俯卧水中做手臂加呼吸

身体俯卧水中，两臂前伸，掌心朝下，做手臂加呼吸的配合练习（见上图 5.23）。

第五节 完整配合技术动作练习方法

蛙泳的完整配合技术是学习的重点。在熟练掌握了臂与腿的配合动作之后，再加上呼吸动作，就形成了蛙泳的完整配合技术动作。

一、陆上模仿练习

（一）基本要求

明确蛙泳臂与腿的配合动作时机。臂的动作先于腿的动作，一定要在内划收手后再收腿，先伸手臂再蹬腿，要建立起“先臂后腿”的动作概念。

臂与腿的配合口诀：外划腿不动，内划再收腿，先伸胳膊后蹬腿，伸直并拢漂一会儿。

（二）练习方法

图 5.24 蛙泳完整配合技术——站立模仿臂与腿的配合（综合）示意图（一）

图 5.24 蛙泳完整配合技术——站立模仿臂与腿的配合（综合）示意图（二）

站立模仿臂与腿的配合

陆上原地站立，两臂上举并拢，掌心向前；一腿支撑，一腿做模仿练习。两臂向两侧外划，腿不动；两臂内划到胸前，收腿；两臂向上将要伸直时翻脚，同时腿向下弧形蹬夹；两臂、两腿伸直并拢，还原成预备姿势。体会臂与腿的配合时机（见上图 5.24）。

二、水中练习

（一）基本要求

明确蛙泳臂、腿、呼吸的配合时机是一次划臂、一次蹬腿、一次呼吸的配合技术。通过练习，逐步掌握蛙泳配合游技术，增加配合游的加长距离。注意手臂外划的动作放慢，抬头动作不要太猛。

（二）练习方法

1. 臂与腿分解配合

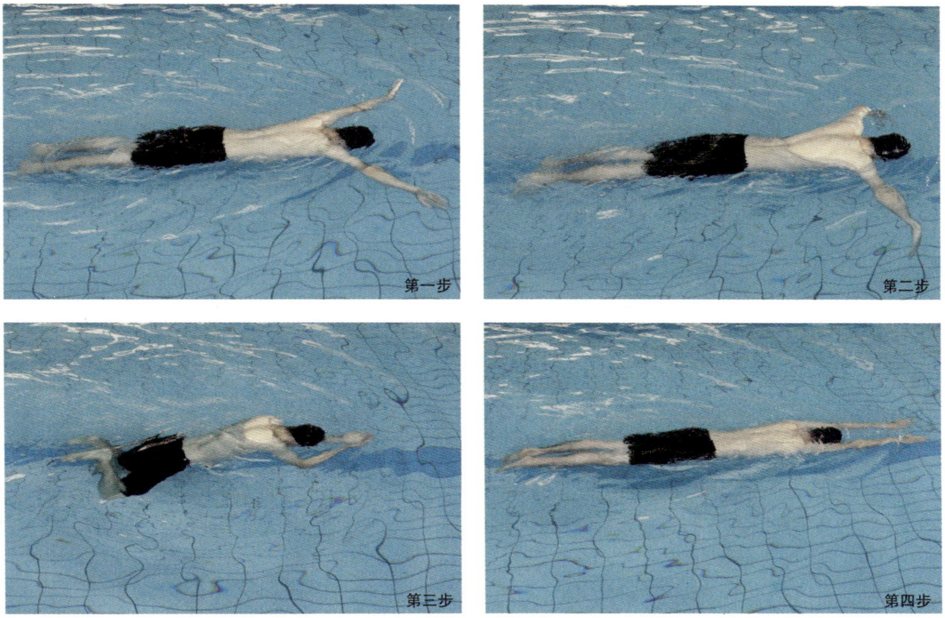

图 5.25 蛙泳完整配合技术——臂与腿的连贯配合（综合）示意图

水中滑行后低头闭气，做臂与腿的分解配合练习，即一次划臂一次蹬腿的练习。

2. 一次划臂与多次蹬腿配合

水中滑行后低头闭气，两臂前伸并拢，连续多次蹬腿后配合一次划臂动作的练习。

3. 臂与腿的连贯配合

水中滑行后低头闭气，做臂与腿的连贯配合动作练习（见上图 5.25）。

4. 多次蹬腿一次划臂加呼吸的配合

漂浮滑行后低头闭气，两臂前伸并拢，多次蹬蛙泳腿后，配合一次划臂加呼吸的练习。

5. 完整配合

在臂与腿连贯配合的基础上，加上抬头呼吸的动作，就完成了蛙泳完整配合技术（见下图 5.26）。

图 5.26　蛙泳完整配合技术——完整配合（综合）示意图

6. 完整配合技术长距离游

蛙泳配合技术加长距离游。每次完整配合技术后，两臂、两腿伸直并拢，身体成流线型姿势向前滑行。

第六节 出发技术练习方法

出发台出发技术的练习，应在掌握了蛙泳完整配合技术，并能游一定距离之后进行。练习时要采用循序渐进的原则，由简单到复杂，即先在池边练习，基本掌握动作要领之后，再站到出发台上练习。

一、陆上模仿练习

（一）基本要求

一是明确臂与腿配合蹬出的动作时机；二是摆动手臂带动身体。

（二）练习方法

1. 原地摆臂高跳

原地站立，两脚左右开立与肩同宽，上体前倾，屈膝，两臂自然下垂。然后，两臂经体前上摆，两腿蹬地向上跳起，跳起后两腿伸直并拢，两臂夹住头，大臂贴耳朵，双手重叠。

2. 池边前倒

蹲在池边，两脚趾扣住池沿，做好抓台出发的准备姿势，由同伴站在后面拉住练习者的髋部。然后，练习者两臂屈肘提拉，同伴随即用力将其拉回。重点体会两臂主动提拉，身体重心前移的动作要领。

二、水中练习

（一）基本要求

出发技术练习时，手臂一定要夹住头，别抬头，抬头就一定会被水拍。起跳是出发的关键环节，应当做得快而有力。体会摆臂动作与蹬腿的协调配合，以及入水的合适角度。

（二）练习方法

1. 垂直跳水

站立池边，两腿并拢，身体绷直，两臂上举夹住头，双手重叠，直体向前迈入水中（或直体向前跳入水中）。

2. 蹲池边蹬跳

蹲在池边，身体慢慢前倒，在身体达到臀部高头低的身体姿势后，两腿蹬出，身体伸展成一直线，以手指领先斜插入水（见下图 5.27）。

图 5.27　蛙泳出发技术——蹲池边蹬跳（综合）示意图（一）

图 5.27 蛙泳出发技术——蹲池边蹬跳（综合）示意图（二）

3. 池边夹头跳水

站立池边，两脚左右开立与肩同宽，脚趾扣住池边，稍屈膝，躯干尽量靠近大腿，双臂夹头前伸，两手重叠。眼看前下方水面，身体前倒，重心移出池壁后用力蹬腿，尽量向远处跳，腾空后身体绷直，手指领先斜插入水（见下图 5.28）。

图 5.28 蛙泳出发技术——池边夹头跳水（综合）示意图（一）

图 5.28 蛙泳出发技术——池边夹头跳水（综合）示意图（二）

4. 池边摆臂跳水

站立池边，脚趾扣住池沿，两膝稍屈，两臂自然下垂，两手抓住池边。身体前倒，两臂经体前向前摆，两腿用力蹬伸，两臂夹头，身体展开向前跳出，以手指领先斜插入水（见下图 5.29）。

图 5.29 蛙泳出发技术——池边摆臂跳水（综合）示意图

5. 完整抓台式出发

站在出发台上，预备姿势时手臂可以放在双脚中间或两侧，做完整的抓台式出发动作。反复练习，逐渐增加蹬跳力量，增长腾空和水下滑行的距离（见下图 5.30）。

图 5.30 蛙泳出发技术——完整抓台式出发（综合）示意图

第七节 转身技术练习方法

蛙泳竞赛规则规定，在转身时，两手分开同时触壁；手触壁前身体必须保持俯卧姿势；转身后，从第 1 次手臂动作开始，身体应恢复俯卧姿势。蛙泳 50 米以上的距离都涉及转身，游的距离越长转身的次数就越多。蛙泳采用的是摆动式转身技术，动作简单、易学、自然、省力。

一、陆上模仿练习

（一）基本要求

主要体会动作要领，连贯进行练习。

（二）练习方法

1. 原地模仿

面对墙壁站立，双手同时触墙壁；左脚抬起贴在墙上，身体右转，右臂屈肘收回胸前；身体向右侧倒，同时向右侧甩头，右臂经水下，左臂经头上向前摆动，同时转动身体，两臂前伸，头夹在两臂之间，腹部朝向地面；左脚轻蹬墙，向前走出。按照触壁—转动—蹬出的连贯顺序进行练习。

2. 走动模仿

离墙数步站立，边向前走动边做蛙泳手臂的划水动作，靠近墙壁时模仿蛙泳转身的触壁—转身—蹬出动作（见下图 5.31）。

图 5.31 蛙泳转身技术——陆上走动模仿（综合）示意图

二、水中练习

（一）基本要求

通过水中反复练习，游近池壁不减速，并要转动得快，掌握好转身距离。转身结束后，身体姿势应有利于蹬壁，以提高整个动作的协调连贯性。

（二）练习方法

1. 水中原地转身

面对池壁站立，双手同时触壁后，做转体侧倒的动作，同时将一脚提起贴在池壁上。一手臂经水下前伸，另一手臂经空中前摆，转头。上体完全入水后，另一脚也提起贴在池壁上。接着，两腿蹬伸，两臂前伸夹头，身体平直成流线型向前滑行。

2. 水中走动转身

水中走动做蛙泳手臂的划水动作，接近池壁两手触壁后，接着做上述“水中原地转身动作”。

3. 游进池壁团身练习

俯卧水中，眼睛看池底，两臂夹头拉住池边，借力屈髋、屈膝、团身，使脚接近池壁。接着做转体、侧倒、转头摆臂的动作，上体完全入水后，两脚蹬离池壁向前滑行。

4. 水下做长划臂和蹬蛙泳腿

背对池壁站立，做蹬池壁滑行动作。在滑行中接着做蛙泳转身后的第一次长划臂和一次蛙泳腿的动作。

5. 完整蛙泳转身

在水中做完整的蛙泳转身练习（见下图 5.32）。

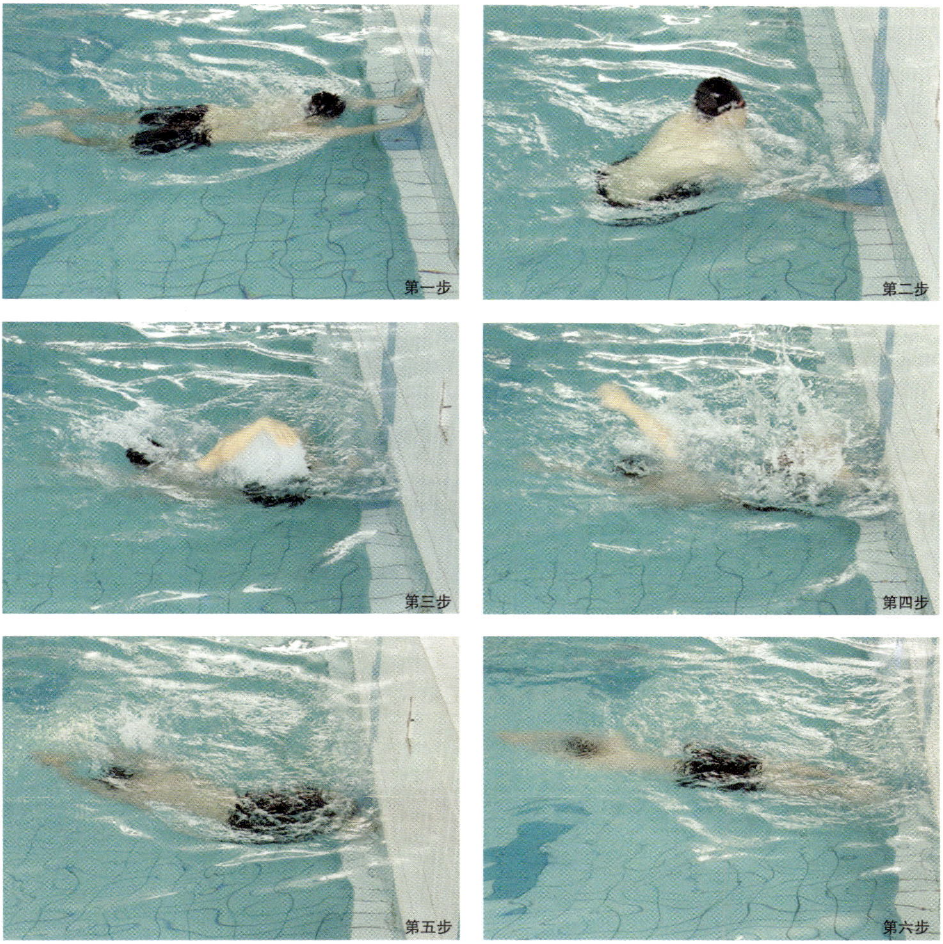

图 5.32 蛙泳转身技术——完整蛙泳转身（综合）示意图

问题与思考

1. 学习蛙泳之前为什么要先进行熟悉水性的练习？
2. 熟悉水性的主要教学内容是什么？
3. 滑行的练习目的是什么？

4. 怎样进行俯卧蛙泳腿的练习？

5. 为什么蹬蛙泳腿要有滑行动作？

6. 蛙泳的臂部技术及臂与呼吸的配合技术应如何学习？

7. 蛙泳完整配合技术练习有哪些方法？

8. 怎样做陆上的出发模仿练习？

9. 蛙泳转身的陆上模仿练习应如何进行？

课外阅读

花样游泳

图 5.33 花样游泳

花样游泳是一项具有艺术性的优雅的体育运动，它也需要力量和技巧，需要不断的刻苦训练来掌握技术。花样游泳起源于欧洲，1920 年，花样游泳创始人柯蒂斯（Katherine Curtis）将跳水和体操的翻滚动作，编排成整套动作在水中表演。1930 年后传入美国和加拿大，在原有的基础上又逐渐配上舞蹈、音乐。起初仅作为两场游泳比赛的场间娱乐节目，后来逐渐融入舞蹈和音乐，成为一项优美的水上竞技项目（见上图 5.33）。

1984 年，在第 23 届洛杉矶奥运会上，花样游泳成为奥运会正式比赛项目，但仅有单人和双人两个比赛项目。美国和加拿大瓜分了自设立花样游泳比赛以来的前四届奥运会的所有金牌。但是随着当年的主力在 1996 年亚特兰大奥运会之后的退役，俄罗斯开始崭露头角，并在 1998 年世界锦标赛中称雄。

我国在这个项目上也进步很快，在 1987 年第 6 届全国运动会上，花样游泳被列入正式比赛项目。经过系统化训练，我国的花样游泳成绩逐年提高。在 2008 年北京奥运会上，我国夺得首枚奥运会花样游泳的奖牌。在亚洲，我国在这个项目上具有明显的优势，近几年来进步神速，已具备世界一流水平，夺取金牌将是我国花样游泳健儿的目标。2015 年 7 月 25 日，第 16 届国际泳联世界锦标赛花样游泳男女混合双人技巧预赛，在俄罗斯喀山市举行，本次世锦赛花样游泳新增男女混合项目，这是花样游泳男选手首次在世锦赛中亮相。

第六章　蛙泳常见错误动作及纠正方法

学习蛙泳是在水中进行的。水是流动的，肢体在水中的动作没有固定支撑，这加大了获取前进动力的难度。如果动作不正确、技术不合理，就难以向前游进。因此，初学蛙泳的过程，就是一个不断纠正错误动作的过程。

第一节 熟悉水性常见错误动作及纠正方法

一、身体姿势

（一）身体姿势错误动作的产生原因

身体姿势对于漂浮有较大的影响。蛙泳初学者在水中漂浮时，要求身体成一直线，但是初学者由于怕水，往往出现缩肩、屈髋、屈膝等现象，身体各个关节弯曲太多，就漂浮不起来，这将会影响后续其他技术的学习。因此，身体姿势对初学者学习蛙泳非常重要（见下图 6.1）。

（二）身体姿势错误动作的纠正方法

1. 直立练习

站立水中，手扶泳道线或池壁，挺腹、展髋、直膝（见下图 6.2）。

2. 身体直线练习

图 6.1 蛙泳身体姿势——错误动作水中示意图

图 6.2 蛙泳身体姿势——水中直立练习示意图

由同伴帮助抬起双脚，使两脚后跟接近水面，全身放松，肩关节、髋关节、膝关节、踝关节充分打开，使身体成一直线在水面漂浮（见下图 6.3）。

3. 扶打水板身体成直线练习

图 6.3 蛙泳身体成直线示意图

图 6.4 蛙泳扶打水板身体成直线示意图

双手扶打水板，手臂伸直，低头，两腿屈膝蹬池底，全身放松，使身体成一直线在水面漂浮（见上图 6.4）。

二、呼　吸

（一）“假呼吸”

1. 产生原因

吸气后，不敢把气吐完，担心再吸气时吸不着，总是留着半口气。几次换气后就再也吸不进气了，只好停下来。

2. 纠正方法

延长吐气时间，把气全部吐光时再吸气，不要着急换气，或者结合蛙泳腿的池边练习进行，采用多蹬腿、少呼吸的方法纠正。

（二）全身紧张

1. 产生原因

呼吸时，缩肩、屈肘、弯曲手臂。换气时整个身体抬出水面，动作幅度过大，过猛。

2. 纠正方法

呼吸的动作节奏要放慢，动作要准确。多采用陆上扶墙呼吸的模仿练习。

（三）口含水

1. 产生原因

在水中吸气后，口没有及时闭上，在水下张开口向外呵气，口里就一直进水，导致无法换气，还容易发生呛水。

2. 纠正方法

在水中做呼吸练习时，只要头入水，口就立即合拢，并马上闭气。

（四）鼻子进水

1. 产生原因

有的蛙泳初学者在呼吸的时候鼻子进水，这是没有掌握正确的呼吸技术，没有用口吸气，而是用鼻子吸气的原因。另外，在水下没有呼气，头露出水面后，又呼又吸，水也容易进入鼻腔。

2. 纠正方法

做呼吸练习时，用口吸气，然后头浸入水中，用口和鼻子同时呼气。呼的口和鼻子周围有气泡就对了。要连续地做呼吸练习（见下图 6.5）。

图 6.5 呼吸练习示意图

三、滑 行

（一）蹬池壁滑行时向上跳

1. 产生原因

蹬池壁滑行时，身体向前上方跳入水中。

2. 纠正方法

正确动作应该是两臂前伸，上体前倒入水，臀部提高到水面，两腿并拢伸直。需反复练习，体会动作要领。

（二）蹬池壁滑行时漂离池壁

1. 产生原因

蹬池壁滑行时，两脚贴不上池壁，腿收不紧，或者是单、双脚过早蹬伸，都会造成脚蹬不到池壁或身体滑行不远的现象。

2. 纠正方法

做滑行练习时，脚紧贴池壁，腿收紧，两臂前伸、低头，上体前倒入水。需反复练习，体会动作要领。

第二节 腿部常见错误动作及纠正方法

一、平收腿

（一）产生原因

收腿时，两膝外分得太宽，大腿收得太多，小腿向内扣。蹬水时仅用小腿外伸，蹬水路线短，动作效果不好。

平收腿的动作特点：用脚底板蹬水，蹬水路线短，两膝的距离宽于两肩，小腿收得少，大腿收得多（见下图 6.6）。

图 6.6 蛙泳平收腿示意图

图 6.7 蛙泳脚背蹬水示意图

（二）纠正方法

通过陆上模仿练习，强化正确的动作概念。强调收腿时两膝外分，大约与肩同宽。也可以坐在池边，双手后撑，腿放在水里，双膝夹打水板，用小腿和脚，做反蛙泳的收腿、翻脚、蹬夹水的模仿动作。

二、脚背蹬水

（一）产生原因

对蛙泳腿的动作概念掌握不清，踝关节的柔韧性较差，翻脚的动作做不出来，绷脚尖（见上图 6.7）。

（二）纠正方法

多做陆上跪撑翻脚练习。坐在池边，进行勾脚、绷脚、翻脚的练习，自己边做边观察动作是否正确。在水中由同伴握住双脚，帮助做好翻脚的动作。

三、收腿时撅臀部

（一）产生原因

主要是大腿收得太多，动作太猛，没有收小腿，形成了屈髋撅臀部的错误动作（见下图 6.8）。

（二）纠正方法

收腿时，两膝外分距离约与两肩同宽，两脚后跟沿着水面向臀部慢收，脚不要露出水面，放慢收腿速度。注意不是膝盖朝着腹部收。

图 6.8 蛙泳收腿时撅臀部示意图

四、收腿时游速突减，蹬水时不前进

（一）产生原因

大腿收得太多，动作太快，蹬水时脚心与小腿内侧没有对准水。

（二）纠正方法

慢收腿，控制大腿与躯干的夹角约为 130 度左右。收腿动作到位时，小腿约与水面垂直。

五、翻脚不到位

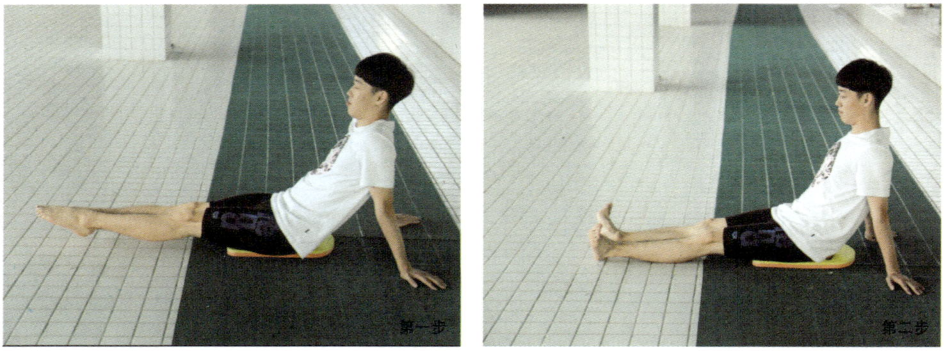

图 6.9 蛙泳翻脚（组合）示意图

（一）产生原因

由于动作概念不清或者是踝关节的灵活性太差，导致翻脚的动作不正确。

（二）纠正方法

翻脚的正确动作是勾脚的同时踝关节向外旋转。翻脚不是我们日常生活中的动作，是腿部动作中的学习难点。学生可坐在陆上进行勾脚、绷脚、翻脚的练习，自己观察动作细节，然后再进行水中的练习。需不断重复，强化动作概念（见上图 6.9）。

六、绷脚尖蹬水

（一）产生原因

在蹬水的过程中，过早地把脚背绷起来，动作概念不清（见下图 6.10）。

（二）纠正方法

先用脚跟蹬水，当两腿接近并拢时，踝关节再内收，用脚尖蹬水，直至两脚尖相对。

图 6.10 蛙泳绷脚尖蹬水示意图

七、蹬腿方向错误

（一）产生原因

蹬夹水时小腿先向外，然后两腿再并拢夹水，大腿没有发力，光靠小腿蹬水，因此蹬腿的方向就向下了。正确的蹬夹水的路线是弧形的。

（二）纠正方法

蹬水的时候，用脚和小腿内侧对准水蹬水，要先向外蹬水，再向里夹水。蹬夹水的动作是连贯的，路线是弧形的。需多做陆上模仿练习和水中俯卧蛙泳腿练习，以不断强化技术动作的练习。

八、蹬夹水的动作不连贯

（一）产生原因

蹬夹水的动作分离，两腿先向外蹬水，当膝盖伸直后，两腿之间的距离较宽，然后再夹水并拢两腿。

（二）纠正方法

蹬夹水的动作是连贯的。需多做陆上模仿练习和水中蛙泳腿练习，以强化动作概念。

九、两腿没有滑行

（一）产生原因

不停地做收腿、翻脚、蹬夹水的动作。屈膝，两腿没有并拢，没有滑行动作。

（二）纠正方法

慢收腿快蹬夹水。两腿伸直并拢，一定要向前滑行一会儿，形成正确的动作节奏。

十、两腿并拢勾脚

（一）产生原因

蛙泳腿的动作概念不清。蹬夹水结束后，两腿并拢勾脚，造成下肢紧张，容易导致下肢下沉（见下图 6.11）。

图 6.11 蛙泳两腿并拢勾脚示意图

（二）纠正方法

正确动作应是两腿并拢后，绷脚尖向前滑行。需明确动作概念，以体会动作要领。

第三节 臂部常见错误动作及纠正方法

一、手臂外划过大、过深

图 6.12 臂部常见错误——手臂外划过大、过深

（一）产生原因

手臂外划的太宽，做成直臂划水了（见上图 6.12）。

（二）纠正方法

手臂外划在身体斜前方大约 45 度时，就应做下划水的动作。需多做陆上模仿练习，以明确动作概念。

二、下划水向后太大

（一）产生原因

手臂下划时，路线太长超过了肩的垂直线，过于向后划到大腿旁，从小腹下面向内划、收手；手臂内划结束时，动作有停顿，没有及时向前伸臂（见下图 6.13）。

图 6.13 臂部常见错误——下划水向后太大

（二）纠正方法

强调手臂下划时，不要超过肩的垂直线。采用“小划臂”技术，屈臂高肘，主要用前臂弧形划水。

要求：手臂动作连贯圆滑，不能脱节，各技术环节不能有停顿。

三、两臂前伸后没有滑行动作

（一）产生原因

急于用手臂划水前进，急于抬头，没有掌握正确的动作节奏。

（二）纠正方法

强调两臂并拢前伸后，要有向前滑行的动作。需多做水中练习，以掌握正确的动作节奏。

第四节 完整配合技术常见错误动作及纠正方法

一、蹬夹水的同时划臂

（一）产生原因

配合技术的动作概念不明确，手臂前伸后没有滑行，就接着做划臂的动作，没有掌握动作的配合节奏（见下图 6.14）。

（二）纠正方法

强调先伸臂后蹬腿，两臂、两腿伸直并拢后，滑行漂一会儿。明确动作要领，通过反复练习，掌握动作节奏。

图 6.14 蛙泳蹬夹水的同时划臂示意图

图 6.15 蛙泳手臂内划的同时收腿示意图

二、手臂内划的同时收腿

（一）产生原因

做配合动作时收腿过早、过快；手臂内划后在胸前停留，没有快速前伸（见上图 6.15）。

（二）纠正方法

多做陆上模仿练习，建立正确的动作概念。

三、两臂与两腿的动作同步

图 6.16　蛙泳两臂与两腿的动作同步示意图

（一）产生原因

动作节奏不明确，收手的时候收腿，伸臂的时候蹬腿（见上图 6.16）。

（二）纠正方法

强调陆上模仿练习，明确动作节奏。正确的动作节奏是先收手再收腿，先伸手臂后蹬腿。在水中练习时放慢动作，多做臂与腿的配合练习。

四、吸气时间太长

（一）产生原因

没有掌握好呼吸技术，害怕吸不到气（见下图 6.17）。

（二）纠正方法

图 6.17 蛙泳吸气时间太长示意图

多进行熟悉水性中的呼吸练习。

五、抬头蛙泳

（一）产生原因

对技术动作理解错误，没有掌握好呼吸技术。不会在水中呼吸换气，一旦遇到特殊情况，极易发生危险。抬头蛙泳具有便于观察周围情况的优点。但是，抬着头颈部肌肉紧张，不利于发挥手臂的力量，游不了太长的距离（见下图 6.18）。

（二）纠正方法

多做熟悉水性的呼吸练习，多做陆上配合动作的模仿练习。

图 6.18 蛙泳抬头游进（综合）示意图

掌握了蛙泳的呼吸技术，有利于身体在水中的平衡，减小游进中的阻力。

六、抬头太高

（一）产生原因

图 6.19 蛙泳抬头太高游进示意图

为了吸气，头抬得很高，导致下肢下沉；呼吸动作不熟练；手臂下划时过深（见上图 6.19）。

（二）纠正方法

蛙泳初学者做完整技术练习时，注意慢抬头、快换气、快低头，手臂外划时就抬头吸气。

建议初学者学习蛙泳的“早呼吸”配合技术。

第五节 出发常见错误动作及纠正方法

一、胸腹拍水

（一）产生原因

起跳时两腿蹬伸无力，上体抬得偏高，或者是因为腾空后身体入水角度没有掌握好的原因造成的。

（二）纠正方法

强调起跳时不要抬上体，上体屈膝前倾，在身体重心超过出发台前沿的瞬间，双脚用力蹬出；头夹于两臂之间，以手指领先入水。需多做池边夹头跳水的练习，以掌握好入水角度。

二、脚先入水

（一）产生原因

技术动作不熟练，存在恐惧心理（见下图 6.20）。

（二）纠正方法

多做蹲池边低姿势的蹬跳入水练习，逐步消除恐惧心理。准备起跳时，体会上体前倾、屈膝后，双脚再蹬伸发力。

图 6.20 蛙泳脚先入水示意图

图 6.21 蛙泳屈膝入水示意图

四、屈膝入水

（一）产生原因

起跳腾空后膝关节没有充分伸展，两腿过于放松（见上图 6.21）。

（二）纠正方法

多做陆上模仿练习，腾空后两腿伸直并拢。起跳后两腿并拢，髋关节、膝关节、踝关节充分伸展开，绷脚尖。

五、屈髋入水

（一）产生原因

双脚起跳时蹬伸无力，身体没有充分伸展；技术动作掌握不熟练。

（二）纠正方法

多做池边夹头入水的练习，以达到熟练掌握动作的目的。强调起跳时身体充分伸展。

六、入水太深

（一）产生原因

入水后手臂向前下方伸，头部位置太低，或者是因为入水角度过大造成的（见下图 6.22）。

（二）纠正方法

强调手指领先入水，掌握好入水角度。注意入水后两手适当上翘，稍抬头，向前上方滑行。

图 6.22　蛙泳入水太深示意图

第六节 转身常见错误动作及纠正方法

一、转身时没有抬头换气

（一）产生原因

动作掌握不熟练，单纯求快（见下图 6.23）。

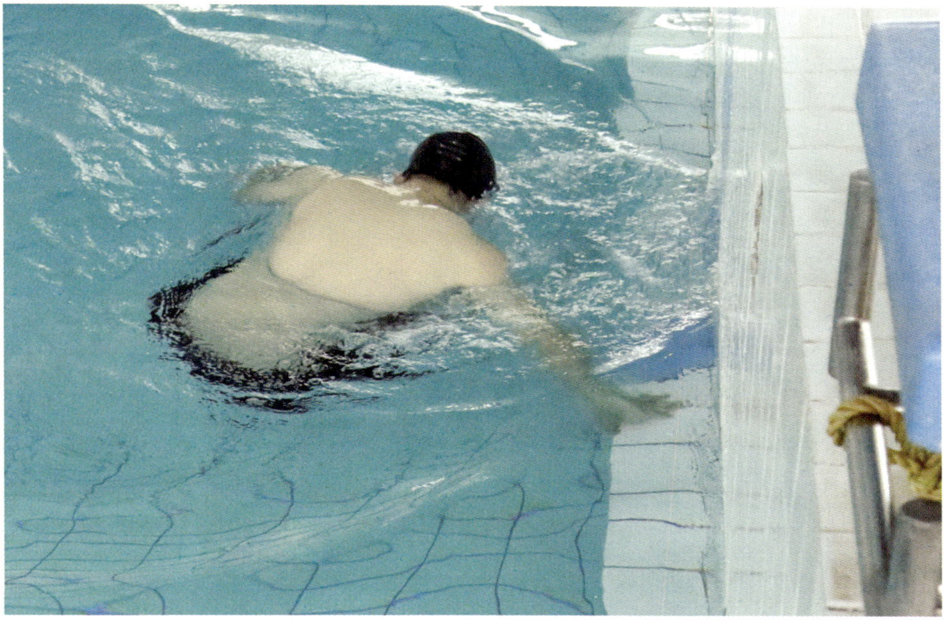

图 6.23 蛙泳转身时没有抬头换气示意图

（二）纠正方法

练习时放慢动作节奏，强调双手触壁时抬头吸气，待身体侧转摆臂低头入水后再蹬壁。注意多做双手抓池边的转身动作练习。

二、抬头蹬壁

（一）产生原因

双脚贴池壁的位置偏低，或者是没有做好身体侧转摆臂，使头、肩潜入水中的动作（见下图 6.24）。

（二）纠正方法

双手触池壁时，强调屈膝团身，双脚贴在近水面的池壁上；多做身体侧转摆臂，使头、肩潜入水中的动作。

注意屈膝团身，双脚贴池壁后，潜入水中，蹬池壁滑行。

图 6.24 蛙泳转身时抬头蹬壁示意图

三、蹬池壁时蹬歪、蹬滑

（一）产生原因

图 6.25 蛙泳转身蹬池壁时蹬歪、蹬滑示意图

双脚贴池壁的位置不合适，或者是没有做好侧倒转体的动作就急于蹬壁（见上图 6.25）。

（二）纠正方法

强调上体侧倒转体时，身体正对游进方向后蹬池壁。注意屈膝团身时要收腿，上体侧倒时提臀。

四、双脚蹬壁无力

（一）产生原因

双手触壁时未屈肘缓冲，或者是双手推池壁过早造成的；技术动作不熟练（见下图 6.26）。

（二）纠正方法

图 6.26 蛙泳转身时双脚蹬壁无力示意图

双手触壁时应屈肘缓冲，使身体屈膝团身靠近池壁。强调收腿转体后再推壁侧转。

注意双脚贴池壁后，应团身屈膝、屈髋，再用力蹬池壁。

问题与思考

1. 纠正身体姿势的错误动作有哪些练习方法？
2. 蛙泳学习中为什么要进行勾、绷脚的练习？
3. 蛙泳蹬腿时用了很大的力，效果反而不好，原因是什么？
4. 蛙泳手臂外划过大、过深的纠正方法是什么？
5. 蛙泳完整配合技术练习中抬头吸气时间过长的原因是什么？
6. 出发台出发屈髋入水的产生原因是什么？

课外阅读

水中健身

图 6.27 水中健身运动

水中健身是一种有氧健身运动，一般在 1.3—1.6 米的水中进行。水中健身运动结合了健身操、芭蕾舞、形体操等不同项目的身体动作和舞蹈步伐，在水中练习时让身体更具活力，并塑造曼妙的身姿，能达到很好的健身效果，更能减小运动对于身体各关节的磨损（见上图 6.27）。

水中健身课程还有专门针对腰腹部减脂的池边垫上操内容，再辅以水中有氧操、水中塑形操或水中伸展操等，对于健身塑形更全面也更有针对性。根据不同人群的需要，水中健身的内容也有所不同，通常都包括有氧、形体、康复等训练内容。一般水中健身课程 45 分钟为一节，主要包括伸展运动、力量操、放松操、灵敏训练、柔韧训练等练习。

水中健身运动的好处主要通过以下几个方面实现：

水的浮力减少运动损伤。水的浮力作用可大大减少地面对身体各关节的冲击力，使人体各关节不易受伤。另外，体态肥胖者在水中活动时感觉更加轻松自如，克服了陆地上活动容易疲劳的缺点。

水的阻力加速训练效果。水的阻力可以增加身体负荷，按照相同的频率做动作，运动量要大大强于陆上运动。

水的散热力加速热量消耗。由于水温低于人体温度，水中运动时人们需要消耗更多的热量来保持体温。一个人在泳池中运动 20 分钟相当于同样强度的陆地上运动的一个小时。

对少年儿童来说，进行水中健身不仅能锻炼协调性、平衡感，还能增强肠胃消化功能，并对治疗腹泻有较好的辅助作用。

第七章　蛙泳技术训练方法

少年儿童时期是掌握正确、科学的蛙泳技术的最佳时期。如果没有打下良好的技术基础，在后期的训练中，技术上的不足就会成为提高成绩的最大障碍。少年儿童的蛙泳技术受到其生长发育、训练年限、身体素质、智力发展水平以及心理等因素的制约，因此，技术训练必须讲究方法，目标明确。蛙泳技术训练是学习掌握蛙泳中高难度技术动作和发展新技术的基础。以最小的阻力、消耗最低的能量来获得较快的速度，是进行技术训练的原则。

第一节　技术训练的目标与内容

一、建立技术训练目标

进行蛙泳技术训练时，一定要根据学生的年龄、身体素质、心理特点、运动能力和技术水平等具体情况来合理制定训练目标，并设计和使用不同的训练方法，而且每一阶段都要建立技术训练目标，每次训练课都要提出具体的技术要求。训练时，动作必须具体，并规定运动量，而且要不断重复地进行，有计划、分阶段地解决技术问题。

（一）基本技术训练的初期目标

蛙泳的身体姿势，身体位置，动作的流线型，手臂在水下的划水路线，腿部技术的动作轨迹，臂腿配合，完整配合技术的时机等方面要符合规范技术的要求。

在基本技术训练的初期阶段，训练的主要目标是腿部动作、分解练习、配合练习和基本技能训练，而不是重点发展各种身体素质。在掌握规范技术的过程中提高身体素质。

（二）基本技术训练的中期目标

学生通过基本技术训练掌握合理准确的发力方式，解决臂与腿的配合动作在技术上的借力与合力，培养对肌肉的控制能力，增强水感，并在动作的连贯性、速度的均匀性、节奏性，手臂划水的时效、路线、加速度的正确性等方面多努力。注意体会完成动作过程中的空间感、时间感和肌肉的本体感觉。

（三）基本技术训练的高级目标

技术训练的各个环节，必须在最短的时间内花较少的精力和体力不断改进，并在训练中体会技术与战术相结合的契机。在培养游进频率、体力分配、战术运用上，以目标成绩为依据，使游泳的频率和动作幅度达到有效结合，通过训练进一步提高动作的稳定性，以确保比赛中在疲劳和压力大的时候技术动作正常发挥。

二、技术训练内容

（一）基本技术训练

规范的基本技术是掌握蛙泳技术中高难度动作的基础，准确熟练地掌握基本技术对全面掌握蛙泳技术，提高技术动作的训练质量，以及提高运动成绩具有重要意义。蛙泳基本技术是指腿部动作、手臂动作、分解、配合、出发、转身、冲刺等。基本技术训练是指把这些技术分解为简单的、难度低的技术环节，按特定的顺序进行组合，以达到掌握规范的完整配合技术的方法。通过基本技术训练有效提高完整配合技术的过程，可概括为以下几个方面：

1. 学习基本技术；

2. 掌握基本技术；

3. 将已掌握的基本技术组合成规范的完整配合技术。

基本技术训练可以有效地发展练习者的各种身体素质，训练的内容主要有反方向的动作、改变动作节奏的动作、改变动作要求的动作、增加了负荷的动作。进一步强化练习者的水感和协调性，促进动作细节的规范掌握。

（二）基本技术的过渡训练

发展和提高蛙泳技术的关键环节是基本技术训练，任何一项基本技术训练都是为了提高完整配合技术。而过渡训练的目的是将已掌握的基本技术与完整配合技术衔接起来，将单个的技术环节与基本技能（出发、转身、冲刺等）和蛙泳的动作节奏逐步衔接到完整配合技术中。例如 100 米蛙泳的速度变化训练：15 米快—20 米慢—15 米快＋转身＋ 15 米快—20 米慢—15 米快。以逐渐累加快速游的距离，来培养动作节奏、游泳能力和比赛技术。

（三）身体的控制能力训练

通过穿插陆上身体素质练习，主要发展腰腹力量和核心力量练习，以提高躯干的控制能力。游进中身体尽量伸展、提气、提肋，臀部夹紧，保持平、直、尖的流线型身体姿势，要有一定的紧张度。也可以利用池边花式跳水来提高练习者的空间感和对身体的控制能力。

在游进中保持身体姿势和身体位置的稳定性是非常重要的，否则将会增大游进中的阻力。在技术训练中始终强调保持身体成流线型向前游进的身体姿势，特别是动作开始和结束时、出发和转身后，双手和双脚并拢或重叠，头部随躯干一起转动，以最大限度地减小前进中的阻力。

（四）力的合理使用训练

对少年儿童的蛙泳技术训练，还要进行发力与用力的训练。力是通过全身的协调进行传递的。发力时要注意保持关节的相对稳定和身体的平衡性，较早的臀部转动发力可以充分发挥大肌肉群的力量，借用腰部和腿部力量加快划臂的速度，并将力传递到上臂、前臂和手，以增加手臂力量。还要注意体会手臂在划水过程中的速度变化。

（五）动作节奏的训练

动作节奏是指在一个动作周期中各阶段动作速度的比例关系，主要表现在肌肉的紧张放松交替。例如，用力的强、弱，节奏的快、慢，时间的长、短。节奏训练的目的主要是提高协调能力及控制肌肉的能力，能够根据动作频率、动作幅度和用力程度的变化，进一步调整游泳动作。不论是快游还是慢游，动作节奏都应相对稳定，要保持各阶段动作速度的内部比例关系，使身体各肌肉群之间能够协同配合，形成正确的用力习惯。

动作节奏训练的重点是强化大肌肉群的用力感觉，能够感觉到做动作时的主要用力肌群。在各类训练中能够控制肌肉群准确发力，进一步提高游速。

（六）比赛技术的训练

比赛技术在基础训练阶段的任务是以快速技术和积极主动的发力技术来培养。在专项提高阶段则是以训练动作频率和动作幅度的最佳结合为主，以适应比赛的需要。

提高技术训练的针对性，实施技术目标训练，是培养比赛技术的主要方法。比如在训练中设定目标成绩，设计合理的距离，提出对动作频率和游进速度的要求等。由于比赛速度的训练在整个运动中所占的比例相对要少，可以用短距离冲刺和快速游的基本技术进行训练。为了提高技术动作在比赛中的稳定性，还要注意在身体疲劳和比赛压力大的情况下，培养保持正确技术和发挥稳定动作节奏的能力。

三、技术训练中的注意事项

在蛙泳各阶段的技术训练中，还应注意以下几个方面的问题。

（一）技术训练的设计

进行蛙泳技术训练时，要根据存在的具体问题，设计和使用不同的训练手段，把技术动作分解为最基本的技术环节，并对身体姿势、腿、臂、臂与呼吸、臂腿配合、完整动作配合的时机等技术环节提出要求。在动作细节训练时，按照划水路线、用力与加速、动作节奏、动作的连贯性与速度的均匀性的顺序来安排训练，循序渐进，有针对性地进行。如果技术动作出现反复，则要降低训练难度，对前一个技术环节进行巩固，然后再加大训练难度，切实解决实际问题。

（二）进行技术训练前的准备

进行蛙泳技术训练前，要做好充分的准备活动。这是必不可少的环节。蛙泳准备活动分为陆上和水中两部分内容，首先进行陆上准备活动，活动全身各个关节，伸展牵拉全身韧带和肌肉，大约需要 10—15 分钟；水中准备活动主要是伸展全身韧带和肌肉，使身体尽快适应水温，以提高水性，体会技术。

（三）建立技术训练目标

每次训练课都要建立技术训练目标，有计划、有步骤地解决技术问题，因为基本技术的训练是解决技术规范问题，区别于个别技术的纠正。因此，必须建立技术训练目标，并根据动作的具体要求多次重复定量进行。

（四）注意分解练习与完整配合技术的衔接

蛙泳技术训练中要注意分解训练与完整配合技术训练运动量的分配。分解练习后，要在配合游中巩固和强化技术动作，然后通过大运动量的水中训练使新动作转化成为自然高效率的动作。过多的分解训练会影响整个动作的节奏，分解技术训练与配合技术训练一定要结合进行。

第二节 腿部动作技术训练方法

一、扶打水板抬头蛙泳腿练习

（一）练习目的

不断提高蛙泳蹬腿的技术水平，增强腿部力量。

（二）基本要求

上体保持稳定，头不要没入水中，每次蛙泳腿的动作结束时，两腿并拢绷脚尖接近水面。

（三）练习方法

图 7.1 蛙泳腿部动作技术训练——扶打水板抬头蛙泳腿（组合）示意图

身体俯卧水中，双手扶打水板，手臂伸直、抬头、肩关节放松，做收腿、翻脚、蹬夹水、滑行的蛙泳腿动作（见上图 7.1）。

二、水中扶打水板蛙泳腿练习

（一）练习目的

体会蹬腿之后流线型动作带来的低阻力。

（二）基本要求

身体成流线型，每次蹬夹水结束时，两腿并拢绷脚尖，身体成漂浮状态。

（三）练习方法

俯卧水中，双手扶板，身体成流线型姿势进行不同距离的蛙泳腿练习（见下图 7.2）。

图 7.2 蛙泳腿部动作技术训练——水中扶打水板蛙泳腿（组合）示意图

三、双手置体侧蛙泳腿练习

（一）练习目的

在控制好身体姿势的同时，培养稳定的蛙泳蹬腿技术，避免收腿不够紧凑。

（二）基本要求

躯干保持一定的紧张度，身体不能有明显的上下起伏；每次收腿用脚后跟去碰手，不要用手去碰脚后跟。

由于头露出水面，腿有下沉的感觉，蛙泳腿的练习节奏可紧凑一些。

（三）练习方法

俯卧漂浮于水面，两手置于体侧，始终抬头，每次收腿结束蹬腿之前用手碰脚。

四、反蛙泳腿练习

（一）练习目的

在控制好身体姿势的前提下，巩固提高蛙泳腿技术，避免大腿收腿过大或错误蹬腿。

（二）练习要求

身体保持稳定，每次蹬夹水结束时，两腿并拢绷脚尖接近水面，身体成漂浮状态；两膝不能露出水面。

（三）练习方法

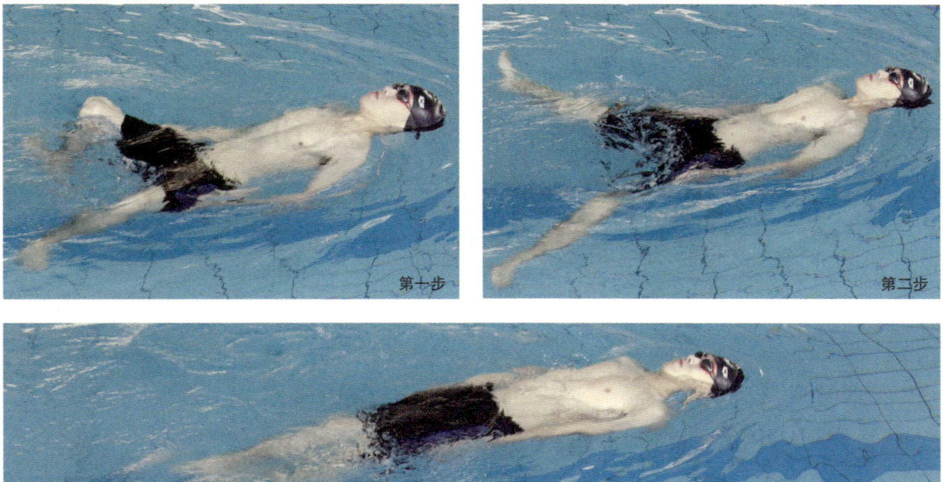

图 7.3 蛙泳腿部动作技术训练——反蛙泳腿练习（组合）示意图

身体仰卧漂浮于水面，上体保持稳定，两手放在身体两侧，做收腿、翻脚、蹬夹水、滑行的蛙泳腿动作。

强调收腿后两膝不要分得过宽，且两腿动作要对称（见上图 7.3）。

五、垂直蛙泳腿踩水

（一）练习目的

体会用小腿内侧和脚对水的感觉，提高腿部力量，注重蹬腿效果。

（二）练习要求

身体保持直立，主要用小腿内侧和脚内侧体会对水的感觉。

（三）练习方法

在深水中，头露出水面，两臂前伸于胸前，两腿反复练习向下的蛙式踩水动作。

第三节 臂部动作技术训练方法

一、水中站立蛙泳划水

（一）练习目的

图 7.4 蛙泳臂部动作技术训练——水中站立划水（组合）示意图

体会蛙泳手臂划水的正确技术和节奏。

（二）基本要求

在划水过程中，要求手掌要感觉到水的压力。刚开始练习时，速度可以慢一点，以保证技术正确。

（三）练习方法

站立潜水池中，抬头，两臂前伸，两眼注视前方，两手臂做蛙泳划水动作。在划水过程中逐渐加速，两臂伸直成流线型后停一会儿（见上图 7.4）。

二、泳道线上蛙泳划水

（一）练习目的

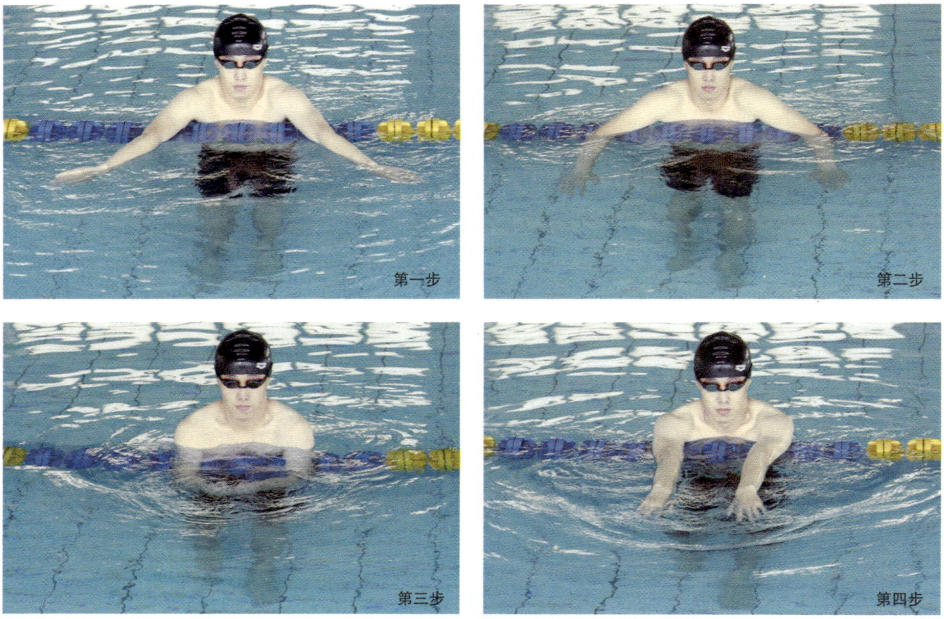

图 7.5 蛙泳臂部动作技术训练——泳道线上划水（组合）示意图

掌握蛙泳划水的正确节奏。

（二）基本要求

泳道线的作用是帮助手臂在划水过程中保持正确的位置，以避免肘关节向后划水过多，造成过多的阻力。在划水过程中，手掌一定要感觉到水的压力，随着练习逐渐加快节奏。

（三）练习方法

站立齐胸深的水中，抬头，手臂架在泳道线上，目视手臂，做蛙泳手臂的划水动作。在练习中逐渐加速，注意手臂前伸成流线型后要停一会儿（见上图 7.5）。

三、双腿夹板蛙泳划水

图 7.6 蛙泳臂部动作技术训练——双腿夹板划水（组合）示意图

（一）练习目的

掌握正确的蛙泳划水技术。

（二）基本要求

身体成流线型漂浮，双腿夹打水板，下颌要收紧，身体上升时下颌不要随着上抬。

（三）练习方法

身体俯卧水中漂浮，两腿并拢夹住扶板，两臂并拢前伸，快速准确地练习蛙泳手臂划水动作（见上图 7.6）。

四、抬头蛙泳划水

（一）练习目的

体会手臂外划的宽度与角度。

（二）基本要求

观察自己手臂划水的宽度和角度。动作节奏要稳定。

（三）练习方法

身体俯卧水中，抬头，两腿夹打水板做手臂划水动作，通过强化训练，体会适合自己手臂外划的宽度和角度（见下图 7.7）。

图 7.7 蛙泳臂部动作技术训练——抬头划水（组合）示意图

五、夹板蛙泳单臂划水

（一）练习目的

有效培养水感，提高蛙泳手臂技术动作。

（二）基本要求

身体保持稳定，并在划水时吸气。

（三）练习方法

两腿夹板俯卧水中，一只手臂前伸，另一只手臂做蛙泳划水动作，两臂交替进行。

六、身体垂直蛙泳划水

（一）练习目的

纠正划水幅度过大，培养正确的蛙泳手臂划水技术，进一步提高划水速度。

（二）基本要求

两手臂只在前伸时有停顿；在手臂向下、向内划水时，应使身体升高。注意抱水夹肘。

（三）练习方法

在深水区，身体保持垂直，两腿做踩水动作，头部露出水面，做手臂划水动作。

七、握拳蛙泳划水

（一）练习目的

加强水感练习。

（二）基本要求

体会双手在划水中对水感觉。

（三）练习方法

在水中俯卧漂浮，身体成流线型姿势。游蛙泳时，握着拳头划水。

八、水中俯卧蛙泳划水

（一）练习目的

掌握正确的蛙泳手臂技术，提高划水速度。

（二）基本要求

身体成流线型姿势漂浮，下颌收紧，身体上升时下颌不要随着上抬。

（三）练习方法

身体俯卧水中，两臂前伸，掌心朝下，两腿并拢，做蛙泳手臂动作（见下图 7.8）。

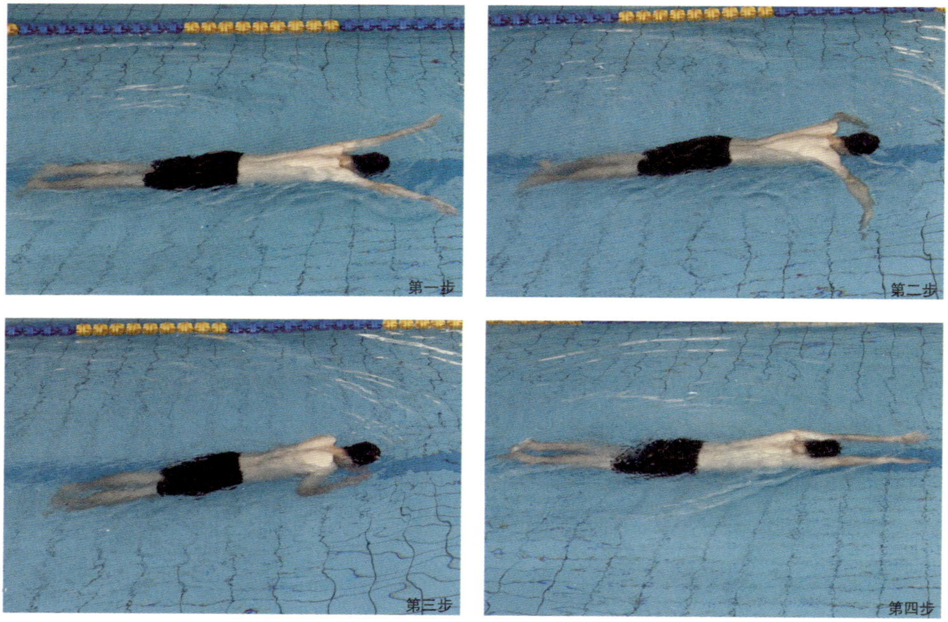

图 7.8 蛙泳臂部动作技术训练——俯卧划水（组合）示意图

第四节 完整配合技术动作训练方法

一、两次蹬蛙泳腿一次划臂

（一）练习目的

体会蛙泳正确的配合时机和身体的滑行。

（二）基本要求

用稳定的节奏蹬蛙泳腿，两手臂不做划水时位置要稳定；划水时要加速，使身体得到充足的升力；控制头部位置。

（三）练习方法

身体平直地俯卧漂浮于水面，两腿并拢绷脚尖，两臂前伸。按照划水、吸气、蹬腿、滑行；再到吸气、蹬腿、滑行的节奏练习。手臂划水要加速，不做划水时手臂的位置要稳定，蛙泳腿的动作节奏要做到慢收腿快蹬夹水。

二、抬头蛙泳

（一）练习目的

培养手臂快速划水技术，掌握正确的臂与腿配合的时机。

（二）基本要求

用稳定的节奏游进，体会身体成流线型姿势对技术的重要性。

（三）练习方法

抬头，眼睛露出水面，收下颌。按照一次划水一次蹬腿并滑行的节奏游

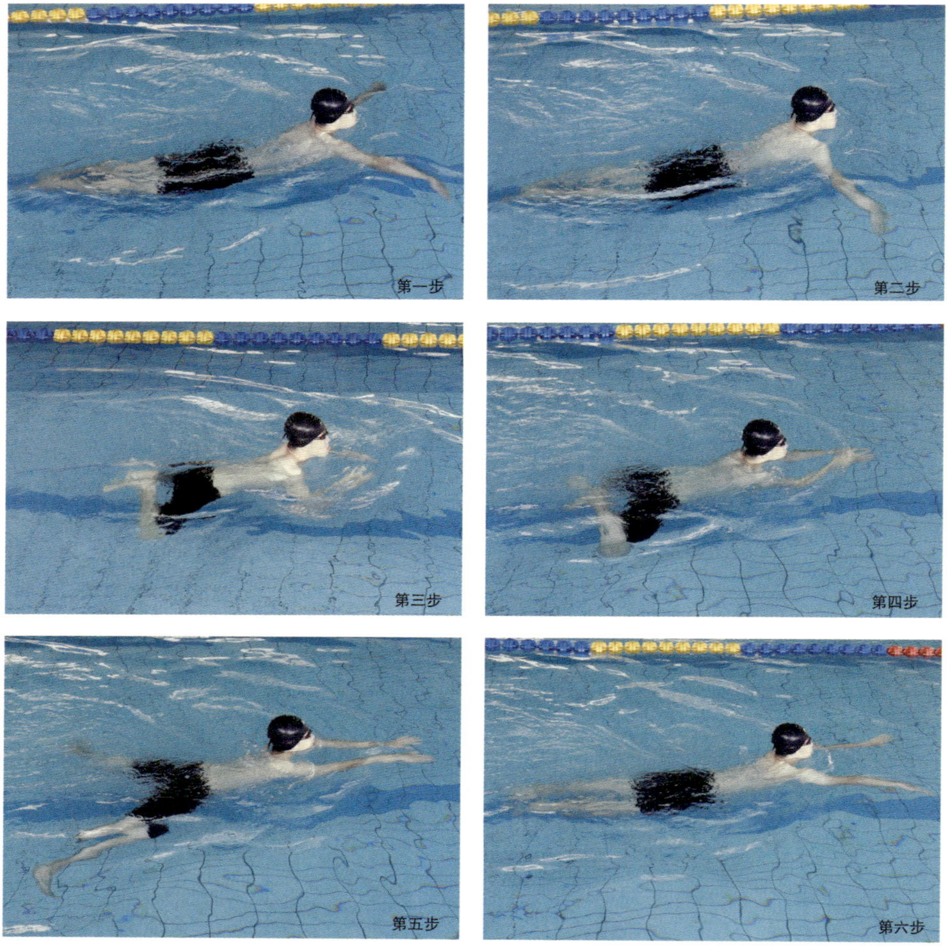

图 7.9 蛙泳完整配合动作技术训练——抬头蛙泳（组合）示意图

进。手臂划水速度要快，尽量减少蹬腿次数（见上图 7.9）。

三、两次划水一次蹬腿

（一）练习目的

体会正确的蛙泳配合时机。

（二）基本要求

动作节奏要稳定，注意划水腿不动时腿部的位置变化，以及划水对身体的推进作用。

（三）练习方法

身体伸展滑行，两腿并拢绷脚尖，每两次划水做一次蹬腿。

四、蛙泳滑行时机练习

（一）练习目的

掌握正确的蛙泳节奏。

（二）基本要求

体会控制滑行时机，减小前进阻力。

（三）练习方法

该练习接近于完整配合动作。划一次水，呼吸一次，蹬一次腿，掌握好划水和蹬腿的时机，并注意滑行的控制。

五、水下做蛙泳长划臂

（一）练习目的

充分利用水下划臂的优势，提高蹬边出发速度，改进蛙泳长划臂技术。

（二）基本要求

注意动作节奏与游进速度的配合。

图 7.10 蛙泳长划臂示意图

长划臂是一个效率高、力量集中、节奏性强的动作。

（三）练习方法

在水下约 40 厘米处，反复做蛙泳长划臂的技术练习；手掌不要正面向侧划水，应小指领先向外划动；外划时逐渐加速；两手经胸下前伸，两臂前伸要充分伸直为止；保持身体的流线型姿势，两肘靠拢，一手手掌压在另一手的手背上（见上图 7.10）。

六、蛙泳划水

（一）练习目的

掌握正确的蛙泳划水技术，强调必要的速度和升力，培养控制头部位置的能力。

（二）基本要求

头部在水下时要吐出气泡，促使划水时能够快速吸气；下颌要收紧，身体上升时下颌不要上抬。

（三）练习方法

身体俯卧水中，双脚戴脚蹼，两臂并拢前伸；身体滑行一段距离后，快速做蛙泳划水并伸臂，划水要使身体获得一定的升力；头部的角度要保持稳定。

七、渐变蛙泳划水

（一）练习目的

根据手臂划水的变化，找出适合自己的外划宽度和角度，体会升力和推进力的作用。

（二）练习要求

身体俯卧水中保持平稳，始终抬头，用眼睛观察自己划水的幅度和角度，体会不同划水幅度和角度时所产生推进力的不同。

（三）练习方法

身体俯卧水中，两脚戴脚蹼，抬头，先做一次最小幅度的蛙泳划水；然后每次将手臂外划的幅度逐渐增加，直到不能再宽；接着再逐渐减小外划的幅度，直到不能再小为止。

八、鱼跃蛙泳

（一）练习目的

强化身体的波浪动作。

（二）练习要求

手臂曲线加速划水，肘关节保持在肩的前面。

（三）练习方法

身体俯卧水中，双脚戴脚蹼；手臂加速内划时尽量将身体抬出水面，然后深深地潜入水中。尽管收腿和伸臂动作带来了一定的阻力，但可以借助身体较高的位置和较快的伸臂速度，尽快使身体越过波浪前进。

问题与思考

1. 蛙泳技术训练的内容有哪些？
2. 在蛙泳技术训练中应注意哪几个方面的问题？
3. 蛙泳腿部技术动作训练有哪些方法？
4. 蛙泳臂部技术动作训练有哪些方法？
5. 蛙泳完整配合技术动作训练有哪些方法？

课｜外｜阅｜读

科学健身

长期以来，许多人一直存在一个认识误区，认为只要参加锻炼就会对身体有益。殊不知健身固然重要，但是合理健身、科学健身更为重要。不正确的健身方式，对身体的损伤很大。有的人因为没有掌握正确科学的健身方式和方法，出现了不同程度的运动损伤。

图 7.11 游泳健身

科学合理的健身运动，可以给身体带来健康，而不合理的运动具有潜在的危险。应根据个人具体情况，定期调整和检查运动处方，避免过度运动。过度运动：一是意识运动负荷超过人体的承受能力，机体在精神、能量等方面过度消耗，使其无法在正常时间内恢复体力；二是当身体的某些机能发生改变时，因恢复手段无效、营养不良、情绪变化、思维波动等，使正常的运动负荷变成超量负荷，从而使主动运动变成被动的应激刺激。过度运动会导致机体免疫力降低，出现一些不正常的生理状态以及心理症状等。过度运动能引起心肌毛细血管的持续性损伤，使心肌细胞发生缺氧性损害。心肌收缩性能和舒张性能也会产生较为严重的损伤，可造成骨骼肌收缩机能下降，肌肉细胞内钙离子平衡紊乱，从而引发关节慢性劳损、肌腱损伤、疲劳性骨折，还会使人体内脏器官的供血供氧失去平衡，导致大脑早衰，扰乱内分泌系统，使免疫机制受损，从而加速身体各器官的衰老。

合理科学的健身运动，必须掌握适宜的运动强度、运动量、运动形式和运动时间。人们应在科学的运动处方指导下进行体育锻炼。所谓运动处方可概括为，根据医学检查资料，按个人的健康、体力以及心肺机能状况，结合生活环境条件和运动爱好特点，用处方的形式规定适当的运动种类和运动时间等，并指出运动中的注意事项，以便于经常性地进行有计划的锻炼，以达到健身或辅助治疗的目的。

体育锻炼有一些普遍使用的原则：一是运动要因人而异，有心脏病、糖尿病等病症的人，事先应咨询医生，尽量从事一些适合自己的运动。二是循序渐进，特别是对于从事健身运动的时间较短，或者是选择力量型健身方式的人群，尤其要注意。三是重视运动前后的准备活动和放松整理活动，特别是参加一些节奏快、比较剧烈的运动项目，事先必须从事准备活动的练习。大学生健身最好每周坚持三次以上，每次在 30 分钟以上。

许多人认为学习或工作时间太忙，没有时间锻炼身体。其实，锻炼时间是挤出来的，关键是养成锻炼身体的良好习惯。为了我们的身体健康，大家赶快行动起来。

第八章　游泳场馆的设施与管理

第一节　游泳场馆的设施

一、游泳池

图 8.1　游泳比赛场馆

正式的蛙泳比赛，对游泳池（馆）（见右图 8.1）及其配套设施都有明确的要求。游泳池的长度为 50 米（短池长 25 米），宽度不低于 25 米，深度至少 2 米以上（推荐 3 米）。两端池壁必须垂直平行，自水面下 0.80 米以上的池壁必须结实、平整、防滑。应在离水面下至少 1.20 米的池壁上设有休息台，台面宽为 0.10 — 0.15 米。游泳池的四壁可设水槽（泳池的两端如设有水槽，应按规定在水面上 0.30 米处留有安装触板的空间），水槽必须用栅板或挡板遮盖。

比赛时，池水必须保持正常水位。水质必须符合国家游泳场所的水质卫生标准，池水应达到使运动员能看清池底和池壁标志线的清晰程度。水温在25—28度之间。如使用水循环装置，池水不得有明显的流动或漩涡。

整个游泳池的照明度不得少于1500勒克斯。

如果游泳池与跳水池在同一比赛场地内，则游泳池与跳水池之间至少应相隔5米的距离。2014年1月1日开始建设的游泳池，游泳池和跳水池之间至少应相隔8米，推荐相隔10米。

二、泳道、分道线与泳道标志线

（一）泳道

游泳池内设8条或10条泳道，由9条或11条分道线构成，每条泳道宽2.50米。使用8条泳道比赛时，泳道应是从1到8道；使用10条泳道比赛时，泳道应是从0到9道。

（二）分道线

游泳池设9条或11条分道线，分道线必须拉至游泳池两端，固定分道线的挂钩应安装在池壁内，分道线必须拉紧。分道线由直径0.05—0.15米的单个浮标连接而成。距两端池壁15米处和50米池的25米处的浮标颜色应不同于其周围浮标颜色。自两端池壁起至5米内的浮标为红色。两条泳道之间只允许有1条分道线，每条泳道宽2.50米（见下图8.2）。

比赛使用8条泳道时，分道线颜色如下：

第1、9分道线为绿色；

第2、3、7、8分道线为蓝色；

第4、5、6分道线为黄色。

比赛时使用 10 条泳道时，分道线颜色如下：

第 1、11 分道线为绿色；

第 2、3、4、8、9、10 分道线为蓝色；

第 5、6、7 分道线为黄色。

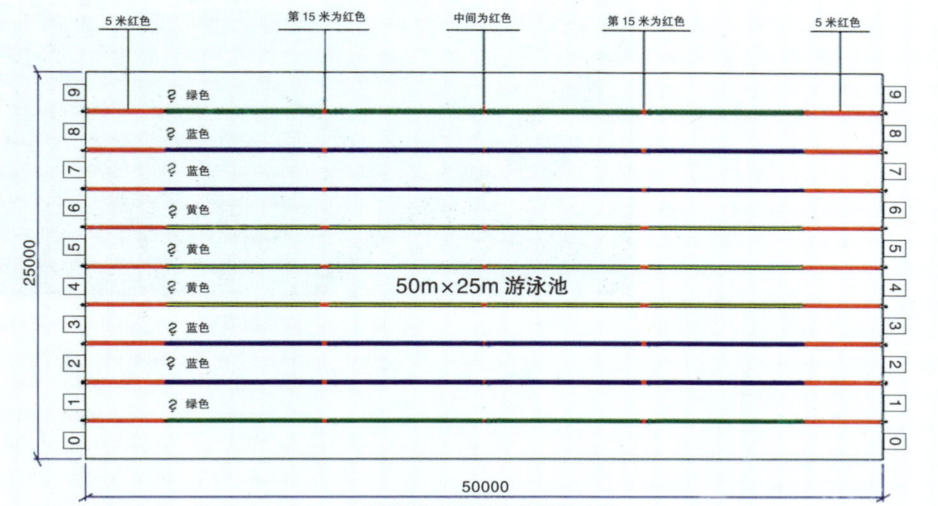

标准池 50 米标准色泳道线

图 8.2 泳道示意图

（三）标志线

各条泳道中间的池底应有清晰的深色标志线，线宽 0.20—0.30 米，50 米池线长 46 米（25 米池线长 21 米），泳道标志线两端距离池端各为 2 米。在泳道标志线两端各画一条长 1 米与泳道标志线同宽并且与其垂直对称的横线。两条泳道标志线的距离应为 2.50 米。池端目标标志线应设在两端池壁上或触板上，位于各条泳道正中间，宽度为 0.20—0.30 米，从池壁的上沿一直延伸到池底。在水面下 0.30 米处的池端目标标志线中心上设一条横线，横线长 0.50 米，宽为 0.20—0.30 米。

三、出发台

出发台应正对泳道的中间，其前沿应高出水面 0.50 — 0.70 米，台面面积至少为 0.50 米 ×0.50 米（重大游泳比赛的台面面积至少宽 0.50 米 × 长 0.60 米）。台面应由防滑材料覆盖，其向前倾斜不超过 10 度。出发台前沿应与池壁在同一垂直面上。出发台可设置可调节踏板，可在出发台两侧设置出发握手器。允许在出发台下安装电子显示板，但不能闪烁（见上图 8.3）。

图 8.3 游泳比赛出发台

出发台必须坚固且没有弹性，并保证运动员出发时能在前沿或两侧抓握出发台。出发台台面的厚度不能超过 0.04 米，否则出发台两侧应至少有 0.10 米长、前端至少有 0.40 米长的握手槽，槽深 0.30 米。

出发台四周应有明显的阿拉伯数字标明的泳道号数。出发台的号数应在出发一端，面对游泳池从右到左依次排列。

四、出发召回线

出发召回线必须横跨游泳池并绑在离出发池端 15 米处的固定柱子上，距离水面至少 1.20 米以上，要求能迅速放入水中，并能有效的覆盖住全部泳道（见下图 8.4）。

图 8.4 游泳比赛出发召回线

在距离游泳池两端15米处的两侧和各泳道分道线上必须有明显的标记。

五、计时装置

在比赛中，如果运用自动或半自动计时装置时，应能正确判定运动员到达终点的名次，并记录运动员的成绩，记取的成绩应精确到百分之一秒。任何装置均不得妨碍运动员的出发、转身及溢水系统的功能。该装置应由发令员启动，装置的连线尽可能不要露在池岸上，要能够按名次和泳道，显示出各泳道所记录下的信息，提供易读的运动员成绩。

自动计时装置应包括以下设备：

（一）发令装置

供发令员发布口令的话筒。如果使用发令枪，需带有信号转换器。话筒和信号转换器应与各出发台的扬声器相连，使运动员能同时听到发令员的口令和出发信号。

（二）自动计时装置触板

触板的宽度应在2.40米以上，高度为0.90米左右，厚度介于0.01—0.02米之间。触板应露出水面0.30米，浸入水中0.60米。触板的位置在泳道两端中心的固定位置，并需轻便，以利于拆卸。触板的灵敏度应不会受水波的影响，而只对运动员的轻微触动产生作用。触板的顶部前沿应是灵敏的。触板上的标志线应与池壁的标志线一致并重叠，触板的周围和边沿应标有宽度为0.025米的黑边，边沿应平滑。

（三）自动计时装置的配件和功能

在比赛中能重复打印出各种信息；电子公告板；精确到百分之一秒的接力出发判断器，当使用自动计时摄像系统时，该系统可以作为接力出发判断器的补充；自动计时器；分段成绩显示；总名次排列；误触板纠正器；自动充电器。

图8.5 游泳比赛电子公告板

电子公告板应至少有12行，每行可显示32个字符，每个字符位置不仅能够显示数字，还能够显示字母。显示栏能够上下翻动。电子公告板应显示运动员在比赛中的成绩，并对名次进行排比，同时显示运动员的信息（见上图8.5）。

在距离终点池端3—5米处，必须有一个装有空调的控制中心，面积至少为6米×3米。要求在比赛中能随时不受阻碍地观察到终点端的情况。总裁判在比赛期间应能方便地出入控制中心，其他时间控制中心应能封闭。

使用自动计时装置时，可以采用半自动计时装置作为自动计时装置的备用系统，每条泳道必须有 3 个按钮，由三名裁判员独立操作，在运动员抵达终点触壁后，裁判员立即按下按钮记取成绩。

六、基层游泳比赛的场地、器材

（一）建筑规格

基层比赛游泳池的长、宽不限。水深以 1.0 —1.5 米为宜。设有出发台的游泳池，出发端从距池壁 1 米起到距池壁至少 6 米处，深度至少 1.35 米。其他地方池深至少 1.00 米。

（二）建筑要求及其他

1. 游泳池的池壁与池底必须平整、光滑且垂直，没有引起人体外伤的凸出物。池壁颜色必须为浅色。

2. 深度不一的游泳池，其浅水区、深水区应采用斜坡过渡，不能采用阶梯过渡。斜坡过渡区池底的倾斜度不应过大。

3. 游泳池两侧必须设有安全、方便上下的扶梯。

4. 游泳池上沿与水平面齐平处，应设有外溢水槽，其宽、深度以 0.15—0.20 米为宜。

5. 泳道宽不得少于 2.00 米，两侧泳道与两侧池壁的距离不得少于 1.20 米。

6. 出发端和转身端的照明度不得少于 600 勒克斯。

7. 游泳池的泳道数和池宽不受限制。分道线颜色不限。游泳池池水温度不得低于 25 度。

8. 备有救生圈和长竿，用于间接救护。备有急救箱，准备一些绷带、纱布、外用消炎药和急救用品。当比赛中发生意外事件时，便于对伤者进行急救。

（三）辅助建筑要求

1. 浸脚消毒池

浸脚消毒池应建于游泳池的入口处，池深0.2—0.3米，池长和池宽均不得少于2米。池底应平整、防滑，以便于清洁、排水。如果条件允许，可以建设前、后两池，前池洗脚，后池消毒。以提高消毒效果和减少药物的耗损。

2. 封闭式喷淋通道

喷淋通道应建于游泳场地的入口处，可与洗脚池配套修建。上为喷淋通道，下为洗脚池。喷淋通道应完全封闭，便于做到人过必淋。

3. 救生台（椅）

图 8.6 游泳馆救生台

图 8.7 游泳馆深度警示标志

救生台（椅）高1.5米以上，上面应有遮阳避雨设备，前侧应有便于救生员上下的阶梯（见上图8.6）。

4. 深度警示标志

游泳池不同深度的水域，应明确标示出水的深度。深水区与浅水区交界水域的上方或两边岸上，更应有醒目的警示标志（见上图8.7）。

5. 防滑标记

在游泳池岸上的过道处要标明“小心滑倒、注意安全”等警示标语。

另外，游泳池还应有更衣室、物品寄存室、淋浴室、卫生间等附属建筑，必须都要符合安全、方便、卫生与实用的原则。

第二节 游泳场馆的管理

游泳场馆的科学管理是保障游泳教学、训练、比赛和群众性游泳活动顺利进行的重要条件。游泳场馆的管理工作范围主要包括安全、卫生、治安等方面。

一、安全管理

游泳场馆的安全管理工作是保证游泳活动顺利开展和游泳练习者生命安全的重要条件。

（一）健全管理机构

游泳场馆应建立负责安全工作的专门机构。由具有管理才能、责任心强、有安全管理工作经验的人员担任此项工作。

（二）制定安全管理制度

游泳场馆要制定严格的安全管理制度，确保游泳馆的开放按规章制度执行，做到有章可循。安全管理制度主要包括票证制度、游泳者必须遵守的安全制度、救生员上岗制度、工作人员管理制度。

（三）按要求配备救生员

根据游泳场馆水域的大小，按国家规定配备经过专门培训的救生员。国家标准比赛用池是 50 米 ×25 米的游泳池，在开放时间救生员不得少于 5 人。

（四）配备救生设备器材

游泳场馆应配备必要的救生设备器材。至少设置2个救生观察台，其高度不低于1.5米；有救生圈、救生衣、救生杆等；有急救设备，并配有氧气袋、救护床、急救药品和器材。

（五）加强安全教育宣传

游泳场馆负责人对场馆工作人员要定期进行安全教育，反复强调工作岗位的重要性和特殊性，工作中不可麻痹大意，更不能玩忽职守；对游泳者的安全提示要醒目。牢固树立以防为主，防、救相结合的指导思想，尽可能将安全隐患消灭在萌芽状态。

二、卫生管理

为全面贯彻落实国家卫生防疫部门对游泳池水的各项管理规定，使游泳场馆的卫生符合要求，具备维护游泳者健康的条件，保证各项游泳活动的顺利开展，必须全面认真做好卫生管理工作，同时还要对游泳者提出必要的卫生条件。

（一）水质维护

为使游泳池的水质达到国家规定的卫生标准，应由专门的工作人员负责水质维护，定期进行各项检验，以掌握各项水质指标，为保证水质的处理提供依据。

1. 浑浊度

游泳池水的浑浊度不应大于5度，从直观上判断，池水的透明度应达到站在水深1.5米岸上能看清第4、5泳道水底的泳道标志线。

检验池水浑浊度的方法是用制好的标准液，稀释成不同浓度，盛放在

10支试管中，将从泳池中取出的水样盛入试管摇匀，分别用标准液试管和水样试管进行观察，根据视觉清晰度进行辨别。

2. pH

pH是水中氢离子的对数值，是反映池水综合性能的一项重要指标。pH偏高或偏低，都会刺激游泳者的眼睛，腐蚀金属及池壁，而且直接影响氯化消毒及混凝效果。

pH的检测一般采用比色法。检测时将pH试纸放入水中，1秒后取出，与比色板的色度进行比较，就得出了池水的pH。一般池水的pH，应保持在7.0—7.8之间。

3. 余氯

余氯是指池水加氯消毒一定时间后，余留在水中的氯。游泳池水的游离余氯含量应在0.3—0.5毫克/升之间。浸脚消毒池水的余氯含量应在1毫克/升以上。余氯是杀灭病菌、预防疾病传播的保障，但余氯不可含量过多，否则会刺激黏膜、加重头发的损伤等。

余氯的检测多用比色法。检测时先用试管在游泳池水中取水样，加入邻联甲苯胺溶液，混合摇匀后马上与装有标准剂的试管进行比色，就得出池水的游离余氯；放置10分钟左右至最高色度后再比色，则得出总余氯。总余氯减去游离余氯得出化合性余氯。

4. 大肠杆菌

大肠杆菌存在于人体肠道内。游泳池水的大肠杆菌不得超过1000个/升。定期检查测定大肠杆菌可以及时掌握游泳池水被粪便污染的程度。

5. 尿素含量

游泳池水中的尿素含量不得超过3.5毫克/升。尿素含量是评价游泳池水被人体污染程度的一项重要指标。

有些指标的检测方法相对较为复杂，例如大肠杆菌、尿素含量等，主要由卫生防疫部门具体负责实施检测。而游泳场馆的工作人员只需了解国家规定的标准。但是，有一些指标，例如余氯、浑浊度等的检测方法相对简单，对评价池水的作用较大，工作人员必须熟练掌握检测方法，并定期进行检测。

（二）环境卫生

游泳场馆的环境卫生，是卫生管理的一项重要工作。环境卫生主要包括泳池四周、浸脚池、喷淋通道、淋浴间、更衣室、卫生间等区域。另外，做好游泳场馆的环境卫生还要注意以下几个方面：

1. 游泳池四周及附属设施的卫生工作，要有专人负责维护。池岸、溢水槽应没有污染物，必须经常清洗。

2. 浸脚消毒池每天必须保持清洁。开放时间应加入足量的消毒用品。

3. 卫生间应经常清扫冲洗，每天保证没有污染物。

4. 更衣室、淋浴间要定期打扫，定期消毒。做到无积水，无污染物。

（三）游泳者需遵守的卫生要求

为维护游泳场馆的卫生质量，国家卫健委、国家体育总局组织制定了《公共场所卫生管理条例》。根据条例中的规定，对游泳者也提出了具体要求，具体有以下几点：

1. 游泳者应定期进行健康检查，持有当年的健康合格证。凭有效证件入场。凡患有心脏病、肝炎、重症沙眼、急性结膜炎、中耳炎、肠道传染病、精神病以及酗酒者，严禁进入游泳池游泳。

2. 游泳者进入游泳池前、入厕后，必须通过已喷洒消毒用品的浸脚池。

3. 为保证卫生质量，禁止在游泳池边吸烟、吃零食等。

第三节 游泳的器材装备

无论是初学蛙泳还是经常进行蛙泳锻炼，人们都需要准备一些装备，例如，泳衣、泳帽、泳镜、毛巾等。具体如何选择，下面进行重点介绍。

一、游泳衣

游泳衣是游泳时最重要、最基本的装备。随着信息技术的迅速发展，人们在购买泳衣时有多种途径可选。同时也出现了色彩多样、款式新颖等高质量的泳衣（见右图 8.8）。

在选择游泳衣时，应挑选款式合身、面料舒适、厚薄适中且弹性较好的为佳。浅色泳衣和过分暴露的泳衣尽量不要选择。根据用途游泳衣分为竞赛泳衣、训练泳衣和休闲泳衣。各式泳衣都适合游泳锻炼时穿着。游泳结束后，尽量用清水冲洗泳衣，冲洗干净后，要挂晾、阴干，忌用电熨斗熨烫。

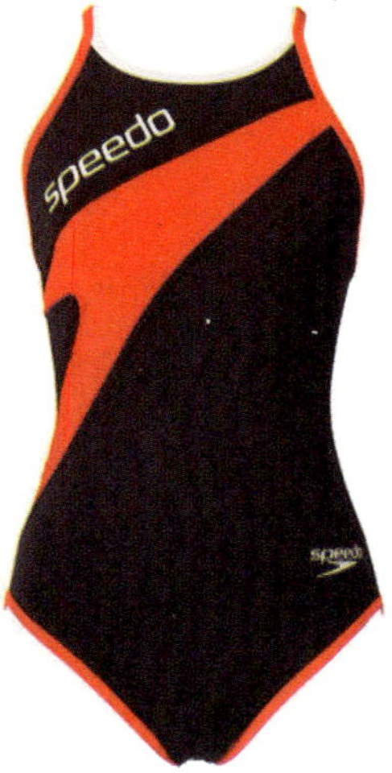

图 8.8 游泳衣

二、游泳帽

游泳时戴上游泳帽可防止头发散乱，保护头发不受过滤液及其他化学品的侵蚀。同时也避免了头发遮挡眼睛、鼻子、耳朵。为保持游泳池水的清洁卫生，大多数游泳场馆规定游泳者必须佩带游泳帽（见右图 8.9），以免脱落的毛发堵塞下水道和吸尘设备。

图 8.9　游泳帽

游泳帽有氨纶、化纤和硅胶泳帽等。硅胶泳帽较紧，不好往头上戴。注意不要让指甲、发卡等尖锐物品戳破泳帽。泳帽的选择不能太松，否则游泳时容易脱落。游泳帽在使用后要充分晾干，如果长时间不游泳，硅胶泳帽在收放之前最好撒一些爽身粉，避免粘连。

三、游泳镜

游泳镜（见右图 8.10）是游泳锻炼必备的装备，使用频率较高。由高强度塑料或硅胶制成，种类繁多，分为训练、竞赛及普通泳镜。为方便眼睛近视人群进行游泳锻炼，很多品牌还有专门的近视泳镜及防紫外线泳镜。游泳池中的水大多都含有消毒用的氯，以及少量的微生物，佩带游泳镜，可有效避免游泳者眼睛与池水的直接接触，从而减少传染眼部疾病的危险。还能使游泳者方便清楚地看到水下及周围的情况，使游泳锻炼顺利进行。

图 8.10　游泳镜

游泳初学者戴上游泳镜有利于尽快地消除怕水心理，减少危险事故的发生。游泳镜在游泳活动中具有较好的辅助作用。

大多数泳镜的镜面加有防雾剂，防雾剂都是亲水性的，在佩戴前，应先将游泳镜在清水中湿润，以更好地起到防雾作用。尽量不要用指甲或硬物摩擦镜面，这样会污损或划伤镜片。挑选游泳镜时，应主要考虑泳镜的光学性能、舒适度、密封性以及防雾性能。每次使用后应及时用清水冲洗，便于延长使用时间。

四、辅助器材

蛙泳初学者在学习蛙泳的时候，在没有别人的保护与帮助的情况下，可以选择使用辅助器材。很多的游泳教练都建议使用游泳辅助器材学习游泳。学习蛙泳时使用辅助器材，主要是通过器材的浮力，达到帮助身体漂浮的目的，使初学者更好地感受技术动作和学习动作，同时减小恐惧怕水心理。而不是在一定程度上依赖游泳器材，当脱离辅助器材之后，就不知所措，畏惧练习。因此，蛙泳初学者不能把辅助器材作为学习蛙泳的必备器材。

（一）救生圈

救生圈体积大、浮力也大，携带比较方便。在学习踩水技术时，身体姿势需在水中基本保持垂直，使用救生圈对学习踩水的动作很有帮助。在使用救生圈的时候，学习者需要把整个上体都放在救生圈里，这对两腿的踩水技术动作练习很有帮助。

（二）打水板

打水板（见右图 8.11）是游泳学习和训练最常用的器材之一，对提高游泳技术水平的作用非常大。根据不同的练习侧重点，打水板有不同的使用方法，既可以帮助初学者练习各种游泳分解动作，例如，双手扶板练习腿部技术动作；也可以夹在

图 8.11　打水板

双腿间练习手臂技术动作。其规格多样，一般厚度为 3 — 5 厘米，分为大、小两种，形状有三角形、长方形等，多采用体积轻巧、不吸水的材料制成。

（三）划水掌

划水掌（见右图 8.12）是游泳运动水上练习的辅助器材之一。划水掌按型号分为大、中、小型。在使用时，根据技术水平和上肢力量的大小，选择合适的型号。把它戴在手掌上，可以实现增大手的划水面积和发展上肢力量的目的。

图 8.12 划水掌

（四）鼻夹、耳塞

在游泳练习中，不建议过多地使用鼻夹、耳塞（见右图 8.13），以避免影响掌握正确的游泳呼吸技术。个别人员为了防止游泳过程中鼻孔和耳朵进水，可以使用鼻夹和耳塞，但不宜过于频繁。

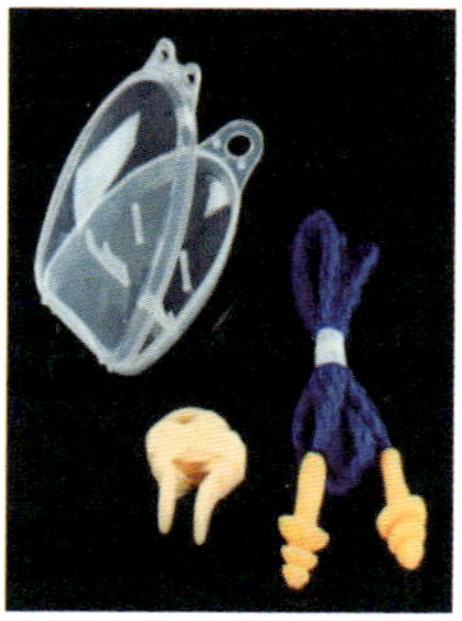

图 8.13 鼻夹和耳塞

（五）脚蹼

脚蹼（短脚蹼）（见右图 8.14）在改进蝶泳、自由泳、仰泳的打腿技术和蛙泳的蹬腿技术，提高打腿的专项能力上有助于发展腿部力量和踝关节的灵活性。但是在使用过程中，应注意运动负荷不易过大，以免造成运动损伤。

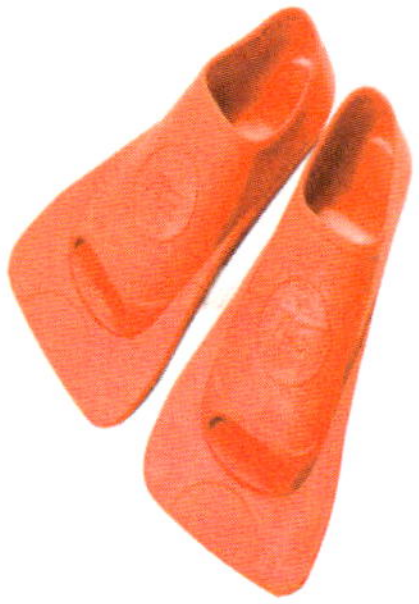

图 8.14 脚蹼

（六）浴巾、拖鞋

浴巾和拖鞋（见右图 8.15）是游泳锻炼必备的用品。在游泳的间歇时间或者是在游泳结束后，上岸披上浴巾，可以对身体起到保温的作用。穿上拖鞋既可以防滑，又讲究卫生。

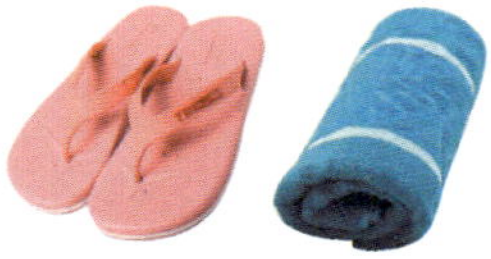

图 8.15 浴巾和拖鞋

第四节 游泳比赛的观赛礼仪

观看游泳比赛，观众进出比赛场地、走动的时候都要遵守秩序。为了体现对裁判员和运动员的尊重，观众尽量在比赛之前到达比赛场地。

按规定地点进入比赛场地。禁止随身携带玻璃瓶装、易拉罐装的物品。按照国际惯例，观众观看游泳比赛时只会允许携带软包装的饮料进入赛场。另外，观众自己的食品垃圾要用随身携带的方便袋或纸袋自行带出场外。

观看游泳比赛时，游泳场馆内一般温度较高，观众可以穿着单薄的服装，但衣着应整洁大方、端庄，不可以太随意。

进入游泳比赛场地之后，手机应调试成静音或振动状态。游泳场馆内禁止吸烟，因为烟气会融入水中，被运动员吸入，影响比赛的发挥。

在裁判入场时，一般会有音乐伴奏，观众应跟着音乐节奏鼓掌欢迎。广播介绍运动员入场时，观众应鼓掌表示对运动员的支持与鼓励，不可喝倒彩，更不能对某些国家的运动员有歧视行为。

在比赛开始时，特别是裁判员准备发令和运动员正在准备出发时，一定要保持赛场的安静，让运动员清楚地听到发令声，更不能在这一刻聊天或喧哗。运动员入水后，观众可以尽情鼓掌欢呼。

比赛正在进行时，观众尽量不要随意走动。为便于运动员辨别方向，观众在观看游泳比赛的时候，禁止使用闪光灯拍照。观众看到比赛的精彩部分时，尽量在统一的指挥下大声为运动员加油助威，严禁使用一些不文明的语言。

比赛结束后，大会组委会为获奖运动员颁奖，同时演奏国歌，此时，观众应全体起立并保持肃静。观众离开比赛场地时，应服从场地工作人员的指挥，有秩序地离开比赛场地，防止拥挤。

问题与思考

1. 标准比赛游泳池的长、宽应是多少？

2. 游泳比赛对分道线、泳道标志线、池端目标标志线、出发召回线各自的规格有什么要求？

3. 游泳场馆安全管理工作的具体内容有哪些？

4. 游泳者进入游泳场馆需遵守的卫生要求有哪些？

5. 游泳必备的主要器材有什么？

6. 对群众进入游泳场馆观看游泳比赛的要求有哪些？

课外阅读

水球

图 8.16 水球运动

水球（见右图 8.16）1860 年起源于英国。初期，英国人在海滩游泳时，将足球抛在海里互相争夺，形成了最早的“水上足球”游戏。1876 年，在英国波内蒙斯首相俱乐部进行的一场七人制的比赛，被公认为第一场正规水球比赛。1920 年，在第 2 届现代奥运会上，男子水球被列为正式比赛项目。女子水球兴起于 20 世纪 20 年代末，但直到 1970 年，女子水球才被列为正式国际比赛项目。1978 年，世界游泳锦标赛上女子水球成为表演项目；1979 年，成为国际正式比赛项目。水球在欧洲开展得比较普遍，意大利、匈牙利、荷兰、德国等国家的运动水平较高。我国的水球运动起步较晚，主要在南方的广东、广西、湖南、上海等地开展。由于气候、硬件条件等的限制，水球在我国开展得不是很普遍。我国的水球运动水平在亚洲属于一流水平，国家水球队曾经获得过亚洲冠军。

水球运动与游泳密不可分。在水球运动员的选材方面，游泳的速度和耐力是一个非常重要的指标。大多数水球运动员都是从游泳运动员中选拔出来的。

水球是一项在水中进行角逐和对抗的球类运动。比赛在长30米、宽20米（女子比赛场地为长25米、宽20米）、水深1.80米以上的池中分两队进行。比赛时每队上场7名运动员，即守门员1人，后卫与前锋各3人。比赛使用的球为圆形，用皮革制成，内充气。每场比赛为32分钟，分为4个小节，每小节8分钟，两节之间休息2分钟。在比赛中，运动员只能用单手进行传球、接球、运球和射门等动作，射入对方球门得1分，最后根据得分多少决定胜负。比赛中不得抱持、拖拉、压沉对方未持球的队员，严禁踢、蹬、打对方队员或故意妨碍对方队员掷间接任意球、角球和球门球，否则，判罚犯规者离场，35秒后方可再进场比赛。

比赛中，观众通过观察运动员在水中起跳、踩水、转体、抬头爬泳、快速游进和争球、急停、变向等专项技术，欣赏他们紧逼防守、人盯人防守、区域防守、中锋定位进攻、快速反击、游击进攻等攻防战术的运用。

第九章　蛙泳竞赛规则与裁判方法

第一节 比赛通则

一、参赛办法

（一）参赛单位必须按竞赛规程规定，确定每项参加的人数和每人参加的项目，并在规定时间内办理报名手续。

（二）除竞赛规程另有规定外，运动员在报名后不得替补和更改项目。

（三）接力比赛以队为单位，每单位可在报名参加比赛的同组运动员中任选 4 人参加。

在预、决赛中参加者可任意调换，但必须在该场比赛开始前 30 分钟将按接力棒次顺序的运动员名单提交检录处，否则以弃权论。在接力比赛中，必须按提交的名单和顺序参加比赛，否则将被取消录取资格。

二、编　排

各参赛单位在报名表上应注明运动员的报名成绩，编排时按报名表的优次排列次序。报名表未注明成绩的，将被作为成绩最差的排在最后。报名成绩相同或无报名成绩者超过 2 人时，应以抽签方法决定其比赛次序。

（一）各项比赛按以下方法编排

1. 有 1 组时，其比赛应作为决赛。

2. 有 2 组时，成绩最好的运动员或接力队应编排在最后 1 组，次好的应编排在第 1 组，再次者应编排在第 2 组。以此类推，把所有的参赛运动员或接力队编排完毕。

3. 超过 3 组及以上运动员人数时，成绩最好的 24 名运动员或接力队按第 2 条的办法编排最后 3 组，其余运动员或接力队按其成绩顺序，编满倒数第 4 组，如还有剩余运动员再编满倒数第 5 组，以此类推。

4. 有 2 组或 2 组以上的任何预赛组内至少应有 3 个运动员或 3 个接力队，但在编排后，若有运动员或接力队弃权，预赛组内可少于 3 个运动员或 3 个接力队。

5. 比赛中，不得将不同组别、不同项目的运动员或接力队混合编组。除男女混合接力项目外，不得将不同性别的运动员或接力队混合编组。

（二）泳道安排

1. 在设有 10 条泳道的游泳池比赛时，同一组运动员或接力队按其报名成绩的优次顺序依次安排在第 4、5、3、6、2、7、1、8、0、9 泳道（见下图 9.1）。

2. 泳道数为奇数时，同一组报名成绩最好的运动员或接力队，应安排在中间泳道，成绩次好者应安排在其左侧泳道（面向游泳池），再次好者应安排在其右侧泳道，以此类推。

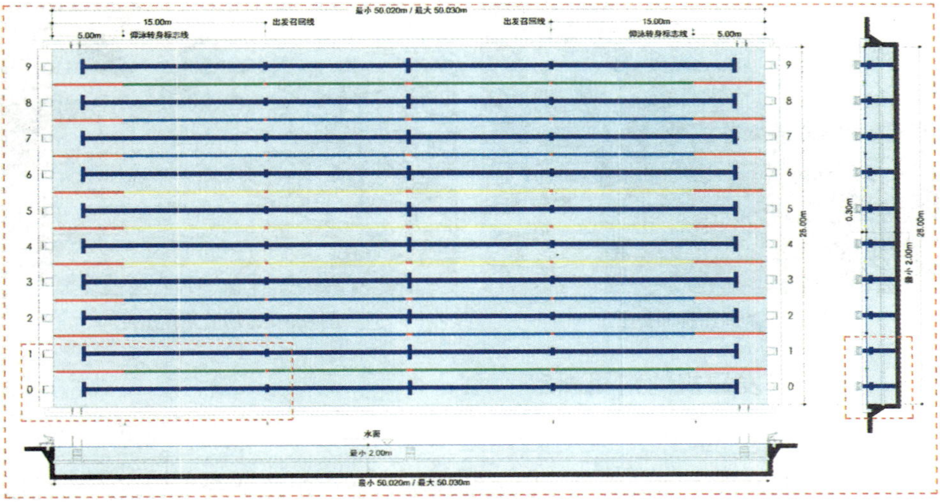

50 米泳池及泳道标志示意图

图 9.1 游泳比赛场馆赛道平面示意图

三、出　发

（一）出发规定

1. 蛙泳、自由泳、蝶泳、个人混合泳以及自由泳接力的比赛，在比赛开始时必须要从出发台（见下图 9.2）起跳出发，仰泳比赛和混合泳接力比赛的第 1 棒出发时是在水中进行。

2. 当运动员听到总裁判发出长哨声信号后，运动员应站到出发台上；当发令员发出“各就位”口令后，运动员应至少有一只脚置于出发台的前缘，做好出发准备；当所有运动员都处于静止状态时，发令员发出“出发信号”（鸣枪、电笛、鸣哨、口令）。运动员在听到“出发信号”后做出出发动作。

3. 在 50 米泳池进行 50 米项目的比赛，从哪一端出发，应根据组织委员会（竞赛委员会）的决定执行，并在比赛前通知运动员。

图 9.2　游泳比赛准备出发

图 9.3　运动员正在出发

（二）出发犯规的判罚规定

1. 任何运动员如在“出发信号”发出前出发，应判犯规。如果在“出发信号”发出后发现运动员抢跳，应继续比赛，在该组比赛结束后取消抢跳运动员的录取资格。

2. 如果在“出发信号”发出前，总裁判或发令员发现运动员抢跳（见上图 9.3），则不再发“出发信号”，取消抢跳运动员比赛资格后，总裁判以长哨声开始重新组织其余运动员出发。

3. 因裁判员的失误或器材失灵而导致运动员抢跳时，发令员应将运动员召回重新出发，不作为抢跳犯规。

四、计　时

游泳比赛的人工计时（见下图 9.4）、自动计时装置计时，均被承认为正式的计时方法。

（一）人工计时

1. 游泳比赛中，所使用的计时表应精确至百分之一秒。

2. 游泳比赛中，任何由 1 块秒表按动和停止的计时成绩，只作 1 块表对待。

3. 建议每条泳道采用 3 块秒表计时，在 3 块计时表中，有 2 块计时表

图 9.4 裁判员人工计时

所计取的成绩相同时，该成绩即为正式成绩。若 3 块计时表计取的成绩都不相同时，应以中间的成绩作为正式成绩。若 3 块计时表只有 2 块正常运行，应以平均成绩为正式成绩。

4. 当计时成绩和终点名次顺序不一致时（如第 2 名的成绩反比第 1 名的成绩好），若总裁判的判定以终点名次为准，应将第 1 名与第 2 名的成绩加起来平均，作为第 1 名和第 2 名的成绩。若总裁判判定以计时成绩为准，应以计时成绩为准，成绩顺序要重新排列名次。若出现 2 名以上终点名次和计时成绩顺序不一致时，仍按此办法处理。

（二）自动计时装置计时

1. 自动计时装置必须在指定裁判员的监督下进行操作。由自动计时装置计取的成绩应当用于确定名次和各泳道的成绩。

2. 使用自动计时装置计时，如大会未设置录像设备，需采用半自动计时装置或人工计时的成绩作为正式成绩。比赛中使用自动计时装置判定的名次、成绩，应比半自动计时装置或人工计时的成绩优先被采用。

3. 使用自动计时装置时，成绩记录到百分之一秒。比赛中成绩相同的所有运动员（接力队），其名次相同。电子显示屏只应显示到百分之一秒的成绩。

（三）自动计时裁判工作程序

1. 在某一组比赛中，自动计时装置记录每一名运动员的成绩时，应采用以下方法。

记录所有可获得的自动计时和半自动计时装置的成绩和名次。

记录所有人工计时的成绩和名次。

对自动计时装置记录的成绩和名次进行比较，排列出正式的成绩和名次。

2. 正式成绩按下述方法确定。

具有自动计时装置成绩的所有运动员，其自动计时装置成绩即为正式成绩。

无自动计时装置成绩的所有运动员，其半自动计时装置成绩或 3 块秒表计取的成绩即为正式成绩。

3. 正式名次按下述方法确定。

同一组中，对具有自动计时装置成绩和名次的运动员进行比较，应保持其相对顺序。

不具有自动计时装置名次但具有自动计时装置成绩的运动员，需用其自动计时装置成绩与其他运动员的自动计时装置成绩进行比较，确定其相对顺序。

既没有自动计时装置名次又没有自动计时装置成绩的运动员，应采用其半自动计时装置成绩或 3 快秒表计取的成绩来确定其相对顺序。

4. 一项预赛结束后，确定全部运动员相对名次的方法为：

比较所有运动员的正式成绩以确定其相对名次。

如果一名运动员的正式成绩与另一名或多名运动员的正式成绩相同，则该项中具有相同成绩的所有运动员的名次并列。

四、比 赛

（一）比赛规定

1. 运动员应游完全程才能获得录取资格，并始终在其出发的同一泳道内比赛和抵达终点。

2. 比赛中，运动员转身时必须按照各泳式的规定触及池壁，不允许在池底跨越或行走。

3. 比赛中，不允许运动员拉分道线。

4. 比赛中，运动员不得使用或穿戴任何有利于其速度、浮力、耐力的器具（如手蹼、脚蹼、弹力绷带或黏胶材料等）和泳装，但可戴游泳镜。不允许在身上使用任何胶带，除非得到组委会（竞赛委员会）指定的医疗机构的同意。

5. 在比赛场地内，不允许速度诱导及采用任何能起速度诱导作用的装置与方法。

6. 由于某运动员犯规而影响其他运动员获得优异成绩时，总裁判有权允许被干扰的运动员重新参加预赛。如在决赛或最后一组预赛中发生上述情况，可令该组重新比赛。

7. 只有赛事组委会设置的录像设备才能作为判断运动员犯规和名次的依据之一（见下图 9.5）。

图 9.5 运动员准备出发

图 9.6 接力比赛运动员入水

（二）比赛犯规判罚规定

1. 在一项比赛进行过程中，当所有比赛的运动员尚未游完全程时，如果未参加比赛的运动员下水，应取消其原定的下一次的比赛资格。

2. 游出本泳道或用其他方式干扰、阻碍其他运动员者，应取消其比赛资格。

3. 接力比赛中，如本队的前一名运动员尚未触及池壁，后一名运动员的脚已蹬离出发台，应判犯规（见上图 9.6）。

4. 接力比赛中，在各队的所有运动员还未游完之前，除了应游该棒的运动员之外，接力队的任何其他队员如果进入水中，应判犯规。

5. 运动员抵达终点后，应尽快离池，如阻碍其他游进中的运动员，应判该运动员（接力队）犯规。

6. 接力项目如果有预赛，奖牌和证书应授予获名次接力队中参加了预赛或决赛的所有运动员。

第二节 比赛规则

一、蛙泳比赛必须从出发台上出发（见下图 9.7）。

二、比赛中不得在池底站立、跨越或行走，否则即判为犯规。

三、在出发和每次转身后，允许运动员身体没入水中，可做一次手臂充分向后划至腿部的动作。在第一次手臂划水动作过程中，允许打一次蝶泳腿

图 9.7 蛙泳比赛的出发

图 9.8 蛙泳比赛瞬间

接蛙泳的蹬腿动作。

四、从出发和每次转身后的第一次手臂动作开始，身体应保持俯卧（见上图 9.8）。任何时候都不允许身体呈仰卧姿势。在出发后的整个游程中，动作周期必须是以一次划臂和一次蹬腿的顺序完成。

五、两臂的所有动作应同时并在同一水平面上进行，不得有交替动作。两手应同时在水面、水下或水上由胸前伸出。除转身前的最后一次划水动作、转身过程中及抵达终点前的最后一次划水动作外，肘部不得露出水面。两手应在水面或水下向后划水。除出发和每次转身后的第一次划水动作外，两手向后划水不得超过臀线。

六、在每个完整动作周期内，运动员头的某一部分必须露出水面。出发和每次转身后的第二次划臂至最宽点两手向内划水前，运动员头的一部分必须露出水面。

七、两腿的所有动作应同时并在同一水平面上进行，不得有交替动作。在蹬腿过程中，两脚必须做外翻动作，不允许做剪夹、上下交替打水和向下的蝶泳打水动作（本条第三项所述除外），只要不做向下的蝶泳打腿动作，允许两脚露出水面。

八、在每次转身和到达终点时，两手应在水面、水上或水下同时触壁。在触壁前的最后一次划水动作结束后，头可以没入水中。但在触壁前最后一个完整或不完整的动作周期中，头的某一部分应露出水面（见下图 9.9）。

图 9.9　蛙泳运动员转身瞬间

第三节　裁判方法

在竞技比赛中运动员的成绩与裁判员（见右图 9.10）的准确裁定有密切关系，裁判工作对于保证比赛的顺利进行，具有重要作用。下面以人工计时的正规比赛为例，给大家介绍蛙泳比赛的裁判规则。

图 9.10　蛙泳比赛中的裁判员

一、总裁判

总裁判在组织委员会和技术代表的领导下，对裁判工作全面负责，根据竞赛规程、竞赛规则和大会有关决议，处理和解决比赛中的有关问题，确保比赛公平、有序、顺利进行。

根据比赛需要可设总裁判1人，副总裁判2—3人。总裁判负责全面工作，副总裁判协助总裁判监管各裁判组的工作。

（一）赛前工作

1. 认真学习竞赛规程、竞赛规则和大会有关文件，了解大会概况和组织机构，明确大会对裁判工作的要求。

2. 掌握场地器材的基本情况，了解比赛报名情况和秩序册的编排和印刷情况。

3. 召开正、副总裁判预备会，明确正、副总裁判的工作分工和配合；根据大会日程安排，制定裁判员学习、现场实习工作；根据裁判员的业务水平和工作需要，分配全体裁判员的工作；讨论决定总裁判、教练员联席会议要明确的问题，编写“比赛有关问题说明”。

4. 召开裁判长会议（技术检查员全部参加，发令员和宣告员指定一个负责人参加），让各裁判长了解大会情况以及个人工作职责，并对各组工作提前做好准备。

5. 召开全体裁判员会议，讲清楚比赛的性质、任务、特点，提出裁判工作要求。宣布裁判分工和学习、现场实习计划，讲清楚裁判工作流程，使全体裁判员了解自己的职责、任务和工作程序。

6. 深入各裁判组，了解赛前学习情况，解释有关规则、裁判方法的问题。

7. 组织全体裁判员现场实习，检查各裁判组的工作是否符合竞赛要求。发现问题及时解决，做好充分的比赛准备。

8. 熟悉比赛场地，带领各组裁判长检查场地、器材和设备。

9. 配合组委会，召开总裁判、教练员联席会议，提出执行规则、裁判法，以及有关问题说明。

（二）临场工作

1. 每场比赛前 1 小时到达比赛场地，检查赛前各项工作。受理单项比赛分段成绩的破纪录申请。了解各参赛队上交的接力棒次表的情况。

2. 赛前 30 分钟，由本场的执行裁判长主持召开赛前裁判员准备会，提出本场裁判工作要求。然后，由各裁判长布置本组有关事宜，做好各组的赛前准备工作。

3. 赛前 3—5 分钟，向宣告员示意宣告"×××比赛现在开始，请裁判员入场"后，由执行总裁判带领全体裁判员入场，裁判员在各自岗位前站好。宣告员介绍本场比赛执行总裁判和发令员，执行总裁判用手势示意全体裁判员就座。

4. 当运动员入场完毕，宣告员介绍本组比赛运动员完毕，执行总裁判开始组织出发。

5. 执行总裁判站立池边，先用连续短哨音示意运动员脱外衣，接着用长哨音示意运动员站到出发台上，当执行总裁判发出第二声长哨音时，运动员应做好出发准备。

6. 当所有运动员和裁判员都做好出发准备时，总裁判用向外伸展手臂的动作通知发令员，以示所有运动员准备就绪，等待发令。发令结束后执行总裁判收回手势。

7. 在比赛过程中，执行总裁判一般站在池边距离终点端 10 米左右的范围内巡视，全面观察运动员比赛和各岗位裁判员的执裁情况，及时处理比赛中出现的各种问题。

8. 每组最后一名运动员到达终点后，执行总裁判即用手势与技术检查员和转身检查长联络，了解有无犯规情况。执行总裁判确认无犯规后，应以手势通知记录台监督确认该组比赛成绩。如果有裁判员报告犯规，则应迅速向有关裁判员了解犯规情况。如果判定运动员犯规，则应将犯规泳道及犯规情况告知记录台监督。然后，在裁判员递交的“犯规检查表”上签名。

9. 每组比赛结束，执行总裁判要审核计时长和终点长递交的竞赛卡片和终点名次报告表，并在竞赛卡片上签名，然后将竞赛卡片交给宣告员宣布成绩。

10. 一场比赛结束，执行总裁判示意宣告员宣布“××× 比赛结束，请裁判员退场”。执行总裁判站立池边，以手势示意全体裁判员起立，并带领裁判员按预定路线退场。

（三）赛后工作

1. 每场比赛结束，现场召集各组裁判长汇报交流情况，分析工作中存在的问题，提出改进意见。

2. 对编排记录组报送的运动员比赛成绩证明单进行审核并签名。

3. 为裁判员证书签名。

4. 督促编排记录组及时完成《成绩册》的编制工作，审核《成绩册》并签名。

5. 所有比赛结束后，总裁判做好裁判组的工作总结。对重大比赛，需完成裁判工作书面总结并及时将“游泳竞赛裁判工作总结表”上报给主办单位。

二、宣　告

宣告是竞赛工作的重要环节。宣告员必须思维敏捷、口齿清楚、发音准确，熟悉游泳竞赛流程。介绍比赛相关信息时，语调要饱满热忱、富有感染力。

宣告员在总裁判领导下，介绍比赛项目和比赛的进行情况，宣布经执行总裁判确认的比赛成绩，必要时配合竞赛部门组织好颁奖仪式。宣告工作台应紧靠总裁判席，并能全面观察到赛场情况，便于宣告员随时执行总裁判的指令。宣告员按比赛规模一般设 1—2 人。

（一）赛前工作

1. 认真学习竞赛规程和裁判方法，明确宣告员的职责，了解大会基本情况，熟悉日程安排。

2. 熟悉赛场环境，了解宣告台工作位置，准备好宣告使用的器材并熟悉使用方法。

3. 明确宣告程序、宣告时机和宣告内容。与执行总裁判、检录组等联系，了解裁判员入场、退场的要求。了解开幕式、闭幕式及颁奖仪式的要求，落实好联系人，明确工作配合方法。

4. 根据比赛的规模和实际情况，有针对性地编写“宣告用语”，有关文字材料提前打印准备，便于在比赛中适时选用，以保证宣告工作的有序进行。

（二）临场工作

1. 每场比赛前 1 小时，宣告员应到达比赛场地，检查调试音响设备，准备宣告器材，保证宣告设备在比赛中的正常使用。

2. 领取本场竞赛秩序单，提前熟悉本场竞赛项目和竞赛顺序。

3. 核实本场执行总裁判和发令员的执场名单。

4. 在本场赛前 50 分钟左右，正式开始宣告程序，介绍本次大会情况，本场比赛的项目及特点等。

5. 如果本场有接力比赛，则在赛前 40 分钟左右广播，催促有关代表队递交“接力棒次表”。

6. 在赛前 15 分钟，播报通知在比赛池做准备活动的运动员起水。然后继续介绍本场竞赛项目。

7. 每场比赛前 3 分钟，当执行总裁判发出入场手势后，用广播引导全体裁判员入场。

8. 本场比赛的全体裁判员就位后，依次介绍技术代表、本场执行总裁判和发令员。

9. 每组比赛开始时，根据不同的赛次，采用不同的方法介绍该组项目和运动员（队）。在介绍运动员（队）前，要核实各泳道是否有弃权，对空道不做介绍。

10. 比赛中，宣告员接到记录台转来的该组竞赛卡片后，将卡片名次、成绩按顺序排列，然后是犯规卡片，最后是弃权卡片的顺序排列好。在每组最后一名运动员抵达终点后，根据竞赛卡片宣布前一组成绩（隔组宣布），然后将竞赛卡片转给编排记录组。

11. 运动员（队）在比赛中创造了新纪录，则应先宣布创纪录情况，再按顺序宣布该组成绩。

12. 举行颁奖仪式时，按赛前制定的程序，事先要求颁奖组提供颁奖嘉宾名单，编排记录组提供获奖运动员名单，并根据名单播报。然后用广播进行配合。

13. 每场的最后一项比赛结束后，根据执行总裁判的示意，用广播宣告引导裁判员退场。

三、检　录

检录工作是保证各项比赛按计划准时进行的重大环节。检录员要积极主动，有条不紊。检录组一般设检录长 1 人，副检录长 1 人，检录员 2—3 人。可分为外场检录和内场检录。

（一）赛前工作

1. 组织学习竞赛规程、竞赛规则和裁判方法；统一检录方法，明确分工和职责，根据场地实际情况设定运动员比赛时的流线。

2. 根据比赛场地条件，布置好外场检录处和内场候赛席。

3. 每场比赛前，将该场比赛项目、组数、人数、比赛时间、水温等公布在外场检录处，并核准时间。

（二）外场检录员的临场工作

1. 每场比赛前 1 小时到达赛场，接受各代表队上交的接力棒次表，并将其附在接力项目各队竞赛卡片的后面。

2. 每场比赛前，如果有运动员申请单项分段成绩破纪录并获总裁判批准，应将申请附在该运动员的竞赛卡片后面。

3. 每项比赛前 15 分钟第一次点名，并请运动员按泳道顺序就座。然后根据比赛进程，适时将运动员带入内场候赛席。第二次点名未到者按弃权处理。遇此情况，应将弃权运动员的竞赛卡片抽出注明“弃权”字样，登记弃权报告单，并马上将抽出的卡片和弃权报告单交执行总裁判。如果半决赛或决赛有运动员弃权，应将第一替补补上。如果第一替补未到，则将第二替补补上。然后立即将抽出的卡片、弃权报告单报送执行总裁判。如果运动员已进入内场，再有运动员弃权，则不再替补。

（三）内场检录员的临场工作

1. 外场检录员将运动员带入内场候赛席后，内场检录员即请运动员按泳道顺序坐好，将竞赛卡片与运动员核对。如果是接力项目，则需要核对棒次顺序。

2. 当前一组运动员出发后，将下一组的运动员卡片交给计时长，如该组有运动员申请单项分段成绩破纪录，应提醒计时长。

3. 预赛时，当前一组运动员游程还剩 25 米左右时，将下一组运动员带入各自泳道就座。决赛时，一般在宣告员宣告“请运动员入场”后，检录员再将运动员带入各自泳道就座。检录员在带领运动员入场时，一般是 1 人在前面引领，1 人跟在运动员后面，注意观察运动员上各自的泳道。

4. 接力比赛时，将每队参赛的 4 棒运动员一起带入赛场。如在 50 米池进行 4×50 米的接力项目比赛，应将 1、3 棒运动员带至起点端，将 2、4 棒运动员带至转身端。

5. 如果在每项比赛后立即发奖，内场检录员应负责召集并引导领奖运动员到领奖等候区，交给颁奖组。

四、发　令

发令是游泳比赛的重要环节。主要是为运动员创造一个公平、公正的出发环境，以保障比赛的顺利进行。发令员要具备稳定的心理素质，较高的观察能力、判断能力和控制能力。在执行发令工作中，要做到及时、果断、准确、严肃、认真。发令员一般可设 2 人，轮流担任执行发令员。

（一）发令位置

发令员应站在游泳池的侧面，距离出发台 5 米以内发令。应保证能全面观察到所有泳道运动员的情况，并使所有运动员和计时裁判员看到发令信号。

发令员可以位于执行总裁判的同侧，也可位于执行总裁判的对面。工作时，一名发令员执行发令任务，另一名发令员应协助观察运动员的出发情况。

（二）赛前工作

1. 认真学习竞赛规程和裁判方法，明确发令员的职责，研究发令要领，统一判罚认识。

2. 熟悉比赛场地，调整发令台的位置；安排好工作分工。

3. 准备好发令器材。例如，发令枪、子弹、烟屏、口哨、电笛等，熟悉发令器材的设备功能和使用方法。

4. 协调与计时裁判员配合进行现场实习，使计时裁判员熟悉发令员的口令，掌握好开、停表技术。

（三）临场工作

1. 每场比赛开始前，发令员提前40分钟到达比赛场地，检查发令器材设备。

2. 裁判员入场时，发令员走到自己的预定位置。

3. 每组比赛开始，执行总裁判吹短哨音示意运动员脱外衣时，发令员即上发令台，做好发令准备。

4. 当执行总裁判发出长哨音时，发令员应观察所有运动员是否在出发台上做好准备，并注意执行总裁判的手势。

5. 当执行总裁判向外伸展手臂后，发令员随即开始组织出发。发令员在所有运动员都做好出发准备时，要用清晰、平稳的声音发出“各就位”的口令。当所有运动员都处于静止状态时，发令员立即发出“出发信号”（鸣枪、电笛、口哨）。

6. 蛙泳比赛采用一次出发。如果有运动员在出发信号发出前出发，发令员应立即用短促、连续、响亮的哨声将运动员召回，并将犯规情况报告执行总裁判，由执行总裁判取消运动员的比赛资格后再重新组织出发。如果出发信号已经发出，但发现有运动员抢跳，则不再召回，继续比赛，只将犯规情况报告执行总裁判，由执行总裁判决定在该组比赛结束后取消犯规运动员的录取资格。

7. 如果发现运动员延误比赛，故意不服从命令或在出发时有任何犯规行为，发令员应鸣哨终止比赛，并立即向执行总裁判报告，待执行总裁判处理后再重新组织出发。

8. 比赛进行中，如果发现在所有参加比赛的运动员还没有游完全程之前，有未参加比赛的运动员下水；或在接力比赛中各队所有运动员还未游完之前，有其他接力队员进入水中，应立即核实运动员姓名、单位，并向执行总裁判报告，由执行总裁判按照规则的规定进行处理。

9. 发令员对所有出发犯规情况，要及时向执行总裁判报告。若执行总裁判判定为犯规，应立即填写犯规检查表，交给执行总裁判。

五、技术检查

技术检查工作是检查运动员技术动作是否符合规则的规定，保证比赛公平进行的重要环节。技术检查裁判员要求全神贯注、判断准确。

技术检查员一般设 4 人，分别位于游泳池两侧靠近召回线处，称为 A、B、C、D 岗。若执行总裁判位于面对出发端的左侧一方，则 A、C 岗位于执行总裁判一侧，B、D 岗位于对侧。

技术检查员在执行总裁判的直接领导下工作，负责检查运动员在游进中的泳式和动作是否符合规则的规定，协助转身检查员观察运动员转身犯规，到达终点犯规和接力交接棒犯规情况。

当运动员游进速度相差不大时，技术检查员每人固定观察两条泳道的运动员（以 8 条泳道为例）：A 岗负责观察第 1、2 泳道的运动员；B 岗负责观察第 3、4 泳道的运动员；C 岗负责观察 7、8 泳道的运动员；D 岗负责观察 5、6 泳道的运动员。若运动员游进速度相差较大，则同侧的技术检查员，一人观察前几名运动员，另一人观察后几名运动员。当游在前面的运动员转身后，两人交换观察对象。

（一）赛前工作

1. 认真学习竞赛规程和裁判方法，明确技术检查员的职责，重点掌握规则中有关犯规判罚的规定。

2. 明确分工和配合工作要求。

3. 深入赛前现场，了解运动员的技术情况，统一判罚认识。

4. 熟悉游泳检查表格、内容和填写方法。

（二）临场工作

1. 每组比赛开始时，当执行总裁判发出长哨音信号时，技术检查员应迅速起立，前往距离出发池端 6—8 米处，仔细观察运动员出发和入水后的水下动作是否符合规则规定。

2. 比赛进行中，技术检查员按分工认真巡视，检查所负责泳道的运动员技术动作是否符合规则规定。各岗位都要跟随运动员巡视到距池端 5 米左右处，待该组比赛结束后返回原位。

3. 每组比赛最后一名运动员抵达终点后，技术检查员应及时向执行总裁判做出是否发现犯规的手势。如果有运动员犯规，在给出犯规手势与执行总裁判取得联系后，应立即到执行总裁判处报告详细的犯规情况。如果执行总裁判判定犯规，技术检查员应迅速填写检查表，签名后交执行总裁判。

六、转身检查

转身检查工作是保障比赛公平进行的重要环节。工作时要求全神贯注，仔细观察，公平准确地做出判断。

一般转身检查长设 2 人，分别位于游泳池两端的池边，负责本端转身检查员的工作。转身检查员每条泳道两端各 1 人，采用人工计时，终点端转身检查员（兼做计时员），坐在每条泳道计时小组 3 表的位置。

转身检查员的职责：在比赛中负责检查本泳道运动员的转身动作是否符合规则的规定；终点端的转身检查员负责检查本泳道运动员的出发、转身、接力交接棒和到达终点的动作是否符合规则的规定；转身端检查员在比赛中负责检查本泳道运动员的转身，以及在本端的出发和接力交接棒的动作是否符合规则规定。

（一）赛前工作

1. 认真学习竞赛规则和裁判方法，重点掌握规则中的比赛通则和各泳式的比赛规定；明确转身检查员的职责。

2. 转身检查长分配转身检查员的工作，明确工作配合要求。

3. 领取所需要的各种器材和判罚表格，熟悉使用和填写方法。

4. 终点端转身检查长与计时长联系，组织本端转身检查员与计时组配合，熟悉计时工作方法。

（二）临场工作

1. 转身检查长

（1）每组比赛开始前，当执行总裁判发出长哨音信号时，两端转身检查长必须都起立，注意观察运动员的出发动作，在运动员完成出发后的第一次划水动作后再回原位就座。

（2）每组比赛中，当运动员游到距离池端 15 米时，转身检查长应起立走到池边，全面观察运动员的转身、接力出发以及抵达终点的动作是否符合规则的规定。同时，还要注意是否有转身检查员报告犯规情况。

（3）如果有转身检查员报告犯规，转身检查长应先向执行总裁判以手势联系，然后立即与转身检查员联系，了解具体犯规情况，并向执行总裁判报告犯规情况。如果执行总裁判判定运动员为犯规，则通知转身检查员填写犯规检查表，审核后签字，并立即交执行总裁判。

（4）每组比赛最后一名运动员抵达终点后，应及时向执行总裁判做出是否发现犯规的手势。

2. 转身检查员

（1）每组比赛开始，执行总裁判发出长哨音信号时，出发端转身检查员应起立上前站在出发台的侧后方。开表后，再上前站在池边检查运动员从出发至第一次划水动作结束的动作是否符合规则规定，然后再返回就座。转身端转身检查员应起立，运动员出发后再坐下。

（2）接力比赛交接棒时，终点端转身检查员应向前站到出发台左侧，检查前一名运动员到达终点后的动作是否符合规则的规定，后一名运动员出发动作是否符合规则的规定；还要及时引导已完成接力比赛的前 3 棒运动员从泳池就近的一侧起水。在 50 米池进行 4×50 米的接力比赛时，运动员在转身端交接棒时，转身端转身检查员应向前站到出发台一侧，观察前一名运动员到达终点的动作和后一名运动员的出发动作是否符合规则规定。

（3）运动员转身时，转身检查员应向前站到出发台一侧，仔细观察运动员从触壁的最后一次手臂动作开始至转身后第 1 次手臂动作结束的整个转身动作是否符合规则，然后按要求退回。

（4）转身检查员如发现运动员犯规，应及时用手势向本端的转身检查长示意并详细报告犯规情况。转身检查长向执行总裁判报告后，若执行总裁判判定犯规，转身检查员应立即填写犯规检查表，然后将犯规检查表交给本端的转身检查长。

七、计　时

计时工作是客观反映运动员成绩的重要环节，计时裁判员工作时要集中精力、实事求是，力求准确无误地计取运动员成绩。

游泳比赛时，计时组一般设裁判长 1—3 人，计时员每条泳道 3 人。

计时组位于距离泳池终点端后约 3 米的位置。每条泳道的 3 名计时员分别负责 1 表、2 表、3 表的计时。计时长位于第 4 和第 5 泳道计时小组的中间；副计时长位于计时组靠近候赛席的一端，负责与检录组的联系。

每条泳道 3 名计时员组成一个计时小组，2 表计时员位于中间，面对本泳道的出发台，1 表计时员位于 2 表的右侧，3 表计时员位于 2 表的左侧。

1 表计时员为小组长，负责本小组的全面工作，除计取运动员的最终成绩外，兼计取 100 米以上项目的分段成绩。

2 表计时员为记录员，除计取运动员的最终成绩外，负责本小组的成绩记录和统计工作。

3 表计时员由本端泳道的转身检查员兼任，除履行转身检查员的职责外，还要计取最终成绩。

（一）赛前工作

1. 认真学习竞赛规程和裁判方法，明确计时员的职责。

2. 计时长要做好计时员的分工，带领检查秒表是否准确可用。

3. 计时长带领计时组与发令员密切配合，做好听信号开表和看触边停表技术，并明确“回表”信号。

正确的开表姿势：身体直立，两眼平视前方，右手持表靠在右手腰部，听到“各就位”口令后，将拇指第一指节按在开表键上，听到出发信号后立即按动秒表。

正确的停表姿势：两脚前后开立，上体稍前倾，目测好池壁垂直面，右手持表停靠在右侧腰部，拇指第一指节按在停表键上，运动员触及池壁后立即按停秒表。

回表：游泳比赛中，当听到执行总裁判发出连续短哨音信号后，应及时回表，并立即查看回表的情况。

4. 副计时长协助计时长工作，负责领取、分发和保管各种计时裁判用具。

（二）临场工作

1. 每场比赛开始前，计时长向全体计时员介绍本场比赛项目的特点，提出要求。副计时长向计时员分发各种表格和用具。带领计时组全体裁判员按要求坐好。

2. 当执行总裁判发出短哨音信号时（或听到出发犯规召回信号时），计时员应立即回表。没有得到规定信号，计时员不得擅自回表。在计时长或执行总裁判要求时，必须出示秒表接受检查。

3. 在执行总裁判发出长哨音信号时，全体计时员应立即起立，集中精力听出发信号。当听到发令员发出的出发信号后立即按动秒表。在池长 50 米的泳池进行 50 米的项目比赛时，发令在另一池端进行，此时计时员应看信号按动秒表。开表后立即就座，并查看秒表走动情况。在计时过程中如发现秒表出现故障，应及时报告计时长，以采取补救措施。

4. 在 100 米以上距离游泳项目的比赛中，运动员在终点端每次转身前 10—15 米时，或接力比赛交接棒时，1 表和 3 表计时员应同时起立走到池边。1 表计时员计取分段成绩，3 表计时员执行转身检查员的职责。2 表计时员随后将 1 表计时员计取的分段成绩填入竞赛卡片。接力比赛的第一棒或有运动员申请分段成绩破纪录时，在该分段，本小组的 3 名计时员都要到泳池端计取分段成绩。2 表计时员要将 3 个秒表计取的成绩和最终决定成绩填写在竞赛卡片或破纪录申请表上。

5. 每一组的比赛，在运动员抵达终点前 15 米时，本计时小组的 3 名计时员应同时起立走到池端，当运动员抵达终点后立即按停秒表。

6. 停表后立即返回原位。3 人同时出示秒表，由 2 表计时员将成绩按 2 表、1 表、3 表的顺序填入竞赛卡片，并确定最终成绩。在填写成绩时，小组长要认真检查。3名计时员中，有两块秒表计取的成绩相同时，此成绩应为正式成绩。如三块秒表计取的成绩都不相同，应以中间的成绩为正式成绩。在三块秒表中有两块正常运行的情况下，应以平均成绩作为正式成绩。2表计时员立即填写“计时存查表”。

7. 随即2表计时员将登记好的竞赛卡片交本组的小组长1表计时员。1表计时员检查无误后，在计时长收取竞赛卡片时将其交给计时长。

8. 当运动员到达终点时，计时长、副计时长分别计取第1、2名运动员的成绩，以及名次相近的运动员成绩，作为检查、核对、补充之用。

9. 运动员到达终点后，计时长即开始收取各计时小组上交的竞赛卡片，边收边检查计时员计取的成绩、填写的栏目和内容是否准确、清楚，正式成绩的确定是否有误，发现问题立即纠正，必要时核查计时员的秒表。同时，将竞赛卡片按正式成绩的优次顺序排列。

10. 计时长收齐竞赛卡片后立即交给记录台监督。如果比赛设置了终点裁判，则与终点裁判长核对名次，然后将竞赛卡片与“比赛名次报告表”一起交给记录台监督。如果终点名次与计时成绩顺序不一致，则应口头告知记录台监督。

（三）赛后工作

1. 每场比赛结束后，计时长要及时收齐各泳道秒表，并妥善保管。全部比赛结束后，将所用器材和各种文具交回有关部门。

2. 每场比赛结束后，2表计时员及时做好计时存查表的统计工作，然后将计时存查表交给计时长保存。

3. 每场比赛结束后，计时长均应进行总结，对发现的问题提出解决的措施，提高计时工作的准确性和效率，必要时可适当调整计时小组，更换秒表。

八、终　点

终点裁判员的职责是按分工准确地判断每组比赛的名次。游泳比赛未采用自动计时装置时，可设置终点裁判员。终点裁判组一般设终点裁判长 1 人，副终点裁判长 1 人，终点裁判员 6 人，分为 3 个小组。

终点裁判员应坐在梯形架上，梯形架位于终点线的延长线上，前沿距离池边约为 2 米，要保证终点裁判员在比赛中清楚地看到整个游程和终点线。终点裁判长坐在梯形架第 1 层靠近总裁判席一侧，以方便与计时长和执行总裁判联系；副终点裁判长坐在终点裁判长旁边，以便于相互沟通；终点裁判员分别坐在梯形架的 2、3、4 层。

终点裁判组通常采用“跟随观察法”进行分工，终点裁判员分别称为 A、B、C、D、E、F 岗。其分工分别为：

终点裁判长：全面观察运动员到达终点的情况，综合终点裁判员各岗的判断结果，确定各组的名次，填写“比赛名次报告表”，并负责与计时长核对名次。

副终点裁判长：全面观察运动员抵达终点的情况，尤其注意比较接近的名次，供终点裁判长综合名次时作为校正之参考。

终点裁判员 6 人的岗位和职责如下：

A 岗判定基础名次，即第 1 至第 4 泳道运动员抵达终点的相对顺序。

B 岗判定核对名次，即第 5 至第 8 泳道运动员抵达终点的相对名次。

C 岗判定 5X，即第 1 至第 4 泳道中哪一道运动员紧跟在第 5 道运动员之后抵达终点。

D 岗判定 6X，即第 1 至第 4 泳道中哪一道运动员紧跟在第 6 道运动员之后抵达终点。

E 岗判定 7X，即第 1 至第 4 泳道中那一道运动员紧跟在第 7 道运动员之后抵达终点。

F 岗判定 8X，即第 1 至第 4 泳道中哪一道运动员紧跟在第 8 道运动员之后抵达终点。

（一）赛前工作

1. 认真学习竞赛规程和裁判方法，明确终点组裁判员的职责。

2. 终点裁判长做好终点裁判员的分工，确定比赛中使用的观察方法。

3. 终点裁判长领取所用的器材和文具，以及各种表格，并熟悉使用和填写方法。

（二）临场工作方法——跟随观察法

1. 终点裁判长领取本场竞赛秩序单；向终点裁判员介绍本场比赛项目的特点，并提出工作要求。

2. 每场比赛开始前 15 分钟，整理好终点梯形架座位，按分工坐好。

3. 每场比赛开始时，运动员上泳道就座。宣告员开始介绍运动员时，终点裁判员应全面了解运动员的情况，重点注意与本人分工有关泳道运动员的特征。

4. 运动员出发后，终点裁判员要观察运动员游进中名次顺序的变化情况。当运动员最后一次转身后，应集中注意力观察、默记、调整并最终确定本人分工负责泳道的名次。

运动员若以图所示的先后顺序到达终点，则（见下图 9.11）：

A 岗的判定结果应为 3、4、2、1；

B 岗的判定结果应为 8、6、5、7；

C 岗的判定结果应为 5、2；

D 岗的判定结果应为 6、2；

E 岗的判定结果应为 7、0；

F 岗的判定结果应为 8、4。

5. 当运动员距离终点还有 10—15 米时，终点裁判员应形成初步的名次

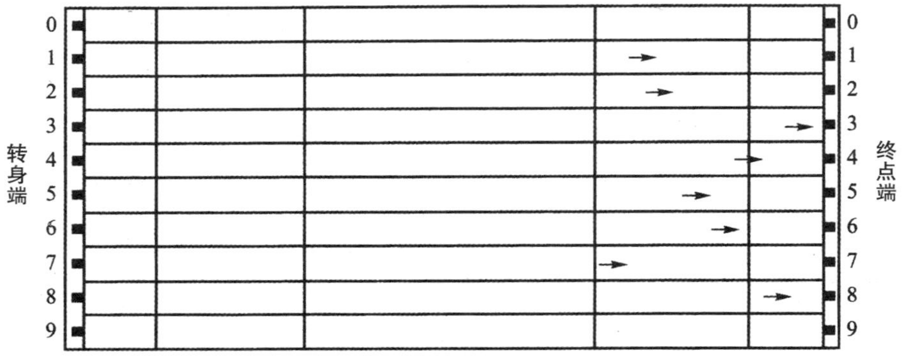

图 9.11 终点各裁判员的名次判定

概念，并继续跟随观察，根据运动员抵达终点的情况调整并最终确定自己分工负责泳道的名次。

6. 运动员抵达终点后，终点裁判员应立即将自己的判定结果填入“终点存查表”。然后按顺序将各人的判定结果报给终点裁判长。

7. 终点裁判长收集各终点裁判员的判定结果，首先在“终点综合名次登记表”的基础名次栏内记下 A 岗的判定结果。然后在核对名次栏内记下 B 岗的判定结果。接着，根据 C、D、E、F 岗所报的判定结果在插入记录栏内的相应位置处填入泳道号。最后，按从左到右的顺序排定综合名次，若在基础名次的某个位置处插入了两个泳道号，则应根据核对名次来决定它们的先后顺序，如上例，基础名次为 3、4、2、1；核对名次为 8、6、5、7；C 岗报 5、2，就将 5 填在 2 之前；D 岗报 6、2，就将 6 填在 2 之前；E 岗报 7、0，就将 7 填在最后；F 岗报 8、4，就将 8 填在 4 之前。可以看出，在 2 之前插入了 5 和 6。根据核对名次，6 在 5 之前，因此，终点名次应为 3、8、4、6、5、2、1、7。

8. 终点裁判长排定综合名次后，与副终点裁判长核对，并立即填写“终点名次报告表”。然后与计时长核对名次。最后，将“比赛名次报告表”交由计时长转给记录台保存。

问题与思考

1. 比赛中蛙泳出发规定有哪些?
2. 比赛中蛙泳出发的判罚规定有哪些?
3. 每场比赛中执行总裁判的职责是什么?
4. 比赛中对计时裁判员的临场工作有什么要求?
5. 比赛中对转身检查员的临场工作有什么要求?

附　录

世界蛙泳名将

齐　晖

齐晖（见右图附 1）是中国国家游泳队队员，被誉为中国女子游泳队的代表人物。从 2000 年开始不断刷新中国、亚洲以及奥运会的 200 米蛙泳记录。

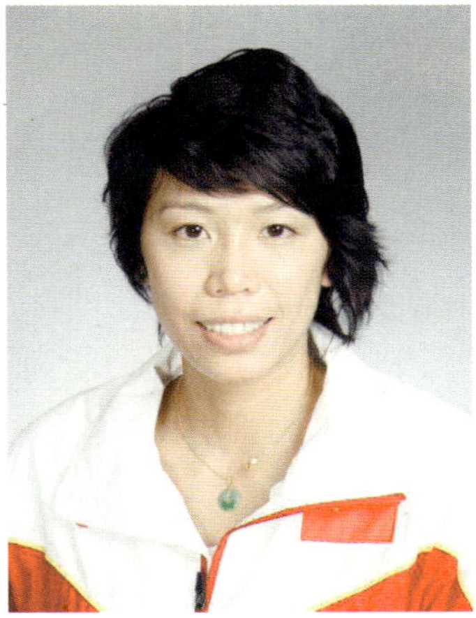

图附 1　齐　辉

齐晖出生于福建福州，生长在一个体育世家，父亲曾是一名水球运动员。幼儿时期的齐晖就开始与水打交道，是父亲发现了她的天赋，把她送到了福州市台州区少年体校。齐晖从此开启了个人的游泳生涯。

齐晖是个懂事、刻苦的孩子，她从不怯场，在比赛中遇到的对手越强大她越兴奋。齐晖刚进入福建省游泳专业队训练时，年龄是队里最小的，但她从不怕苦，也从不服输。在教练的精心培养和自己的刻苦努力下，齐晖一天天成长。11 岁时通过国家一级游泳运动员标准，

13 岁达到国家级运动健将，14 岁成为国际级运动健将。

齐晖取得的主要成绩

2001 年，在杭州全国游泳冠军赛中，获 200 米蛙泳冠军、200 米混合泳冠军、100 米蛙泳亚军。

2002 年，在釜山亚运会游泳比赛中，获 200 米蛙泳冠军、200 米混合泳冠军、400 米混合泳冠军、100 米蛙泳亚军。

2002 年，在世界杯短池游泳系列赛上海站，获 100 米蛙泳冠军、200 米蛙泳冠军、200 米混合泳冠军。

2003 年，在湖南第 5 届城市运动会游泳比赛中，获 200 米蛙泳冠军、200 米混合泳冠军、400 米混合泳冠军。

2003 年，在西西里岛世界军人运动会游泳比赛中，获 50 米蛙泳冠军、100 米蛙泳冠军、200 米蛙泳冠军、200 米混合泳冠军、4×100 米混合泳接力冠军。

2004 年，在山西全国游泳冠军赛中，获 200 米蛙泳冠军、200 米混合泳冠军。

2005 年，在第十届全国运动会游泳比赛中，获女子 4×100 米混合泳接力冠军、200 米蛙泳冠军、200 米个人混合泳冠军、400 米个人混合泳冠军、100 米蛙泳亚军。

叶诗文

叶诗文（见下图附 2）是中国国家游泳队运动员，是中国泳坛首位集奥运会、长池世锦赛、短池世锦赛、游泳世界杯、亚运会、全运会冠军于一身的运动员，成为中国泳坛首个金满贯得主，而且还是 400 米混合泳世界纪录保持者，女子 200 米混合泳奥运会纪录保持者。

叶诗文出生于浙江省杭州市。她从小个子就高出同龄孩子许多，手脚也很大，被老师推荐给了业余体校的游泳教练。进入体校后，叶诗文身体素质发展全面，游泳的潜质很高。12 岁时在浙江省运会的游泳比赛中，获得 1 金 2 银 2 铜的成绩，之后入选浙江省游泳队，2010 年入选中国国家游泳队。由于在 2012 年伦敦奥运会游泳比赛中的出色表现，叶诗文获得 2013 年“劳伦斯”体育奖提名。

图附 2 叶诗文

叶诗文取得的主要成绩

2011 年 4 月，在全国游泳冠军赛中，获 4×200 米自由泳接力冠军、400 米个人混合泳亚军。

2012 年 4 月，在伦敦奥运会游泳比赛中，获 400 米个人混合泳冠军（4 分 28 秒 43 打破世界纪录）和 200 米个人混合泳冠军（2 分 07 秒 57 打破奥运会纪录）。

2015 年 4 月，在全国游泳冠军赛中，获 400 米个人混合泳比赛冠军。

2017 年 4 月，在青岛举行的全国游泳冠军赛中，获 200 米混合泳冠军。

2017 年 10 月，在全国游泳锦标赛中，获 100 米蛙泳冠军、200 米蛙泳冠军。

2019 年 7 月，在国际泳联世界锦标赛中，获 200 米混合泳亚军。

2020 年 1 月，在国际泳联冠军游泳系列赛深圳站，获 200 米个人混合泳铜牌。

北岛康介

图附 3 北岛康介

北岛康介（见右图附 3）出生于东京都荒川区，日本游泳运动员，毕业于日本体育大学。1987 年，北岛康介开始练习游泳，2016 年宣布退役。

北岛康介取得的主要成绩

2000 年，在悉尼奥运会游泳比赛中，获 100 米蛙泳第四名。

2001 年，在日本福冈世界游泳锦标赛中，获 200 米蛙泳第三名。

2002 年，在日本釜山亚运会游泳比赛中，获 200 米蛙泳冠军（以 2 分 09 秒 97 的成绩打破世界纪录）。

2003 年，在巴塞罗那世界游泳锦标赛中，获 100 米蛙泳冠军。这不仅是日本队获得的第一块世界锦标赛的游泳项目金牌，也是亚洲选手在游泳世锦赛上获得的第一块男子游泳项目的金牌。

2004 年，在雅典奥运会游泳比赛中，获 100 米蛙泳冠军、200 米蛙泳冠军（以 2 分 09 秒 44 的成绩打破世界纪录）。

2007 年，在墨尔本世界游泳世锦赛中，获 200 米蛙泳冠军。

2008 年 6 月，在日本游泳公开赛中，获 200 米蛙泳冠军（以 2 分 7 秒 51 的成绩打破世界纪录）。

2008 年 8 月，在北京奥运会游泳比赛中，获 100 米蛙泳冠军（以 58 秒 91 的成绩打破世界纪录）、200 米蛙泳冠军（以 2 分 07 秒 64 的成绩打破奥运会纪录）。

亚当·佩蒂
（Adam Peaty）

亚当·佩蒂（Adam Peaty）（见右图附4），英国游泳运动员，世界纪录保持者。2016年12月30日，知名游泳杂志《Swimming World》评出了年度最佳男子表现奖，英国蛙泳名将亚当·佩蒂凭借着在里约奥运会100米蛙泳比赛，三次出场两次打破世界纪录的优异表现，获得了该荣誉。

图附4 亚当·佩蒂

亚当·佩蒂取得的主要成绩

2014年，在格拉斯哥举行的英联邦运动会游泳比赛中，获100米蛙泳冠军。

2016年8月，在里约奥运会男子100米蛙泳比赛中，亚当·佩蒂以57秒13的成绩创世界纪录，并夺得冠军。

2015年，在伦敦举行的全英游泳锦标赛中，获100米蛙泳冠军（以57秒92的成绩打破奥运会纪录）。

2017年，布达佩斯世界游泳锦标赛，在参加的50米蛙泳半决赛中，亚当·佩蒂以25秒95的成绩再破世界纪录。

2018年，在英国格拉斯哥举行的欧洲游泳锦标赛中，获50米蛙泳冠军。

参考文献

[1] 游泳教材编写组 . 体育学院通用教材——游泳运动 [M]. 北京 : 人民体育出版社，2001 年 .

[2] 邓树勋等 . 运动生理学 [M]. 北京 : 高等教育出版社，2015 年 .

[3] 吴河海等 . 蛙泳技术训练 [M]. 北京 : 人民体育出版社，2001 年 .

[4] 吉村丰（日），高桥雄介 . 边静等译 . 游泳技巧图解 [M]. 北京 : 北京体育大学出版社，1999 年 .

[5] 程燕等 . 游泳运动训练科学化理论与方法的研究 [M]. 北京 : 北京体育大学出版社，2006 年 .

[6] 中国游泳协会裁判委员会 . 游泳竞赛组织与裁判方法 [M]. 北京 : 人民体育出版社，2015 年 .

[7] 王振涛 . 大学体育与健康教程 [M]. 北京体育大学出版社，2011 年 .

[8] 梅雪雄 . 游泳 [M]. 北京 : 高等教育出版社，2016 年 .

[9] 陈武山 . 体育院校通用教材——游泳运动教程 [M]. 北京 : 人民体育出版社，2007 年 .

[10] 中国救生协会 . 游泳救生员国家职业资格培训教材——游泳救生员 [M]. 北京 : 高等教育出版社，2010 年 .

[11] 许琪 . 现代游泳训练方法 [M]. 北京 : 北京体育大学出版社，2007 年 .

[12] 熊晓正等 . 奥林匹克大全 [M]. 北京 : 中国文史出版社，2008 年 .

[13] 史海立 . 游泳学与练 [M]. 哈尔滨 : 东北林业大学出版社，2002 年 .

[14] 游泳年龄组教学训练大纲编写组 . 游泳年龄组教学训练大纲 [M]. 北京 : 人民体育出版社，2006 年 .

[15] 许琦 . 游泳竞赛规则问答 [M]. 北京 : 北京体育大学出版社，2003 年 .

[16] 田麦久 . 运动训练学 [M]. 北京 : 人民体育出版社，2000 年 .